IRB Verlag

Stadtplanung in der DDR

IRB-Literaturauslese Nr. 401

CIP-Kurztitelaufnahme der Deutschen Bibliothek

Stadtplanung in der DDR / ((Hrsg.: Informations=
zentrum Raum u. Bau d. Fraunhofer-Ges. (IRB).
Red. Bearb.: Terje Nils Dahle)). - Stuttgart :
IRB-Verl., 1985.
(IRB-Literaturauslese ; Nr. 401)
ISSN 0724-5548
ISBN 3–8167–0308–9

NE: Dahle, Terje Nils ((Red.)); Informationszentrum
Raum und Bau (Stuttgart): IRB-Literaturauslese

Die nachgewiesenen Informationen wurden den
Datenbanken des Herausgebers Informationszentrum
RAUM und BAU der Fraunhofer-Gesellschaft entnommen.

Redaktionelle Bearbeitung:
Dipl.-Ing. Terje Nils Dahle
Oktober 1984

Einführung

Die Literaturdokumentationen aus der Reihe IRB-Literaturauslesen enthalten Hinweise auf aktuelle Artikel in Fachzeitschriften, auf Fachbücher, Schriftenreihen, Forschungsberichte und Forschungsprojekte, Dissertationen, Firmenschriften, Institutsberichte, Hochschulschriften, Baunormen, Dokumentationsdienste sowie auf die sogenannte graue Literatur, das unveröffentlichte, häufig schwer zugängliche Schrifttum, soweit sie das hier behandelte Thema betreffen. Diese Informationen stammen aus verschiedenen Datenbanken des Informationszentrums RAUM und BAU der Fraunhofer-Gesellschaft (IRB).

Die Hinweise informieren kurz über den Inhalt der Literaturstellen und Projekte. Dadurch kann schnell entschieden werden, welche Fachliteratur im Original gelesen werden sollte. Die umfassenden Quellenangaben wie Verfasser, Titel, Verlag, Projektbearbeiter usw. ermöglichen es, die gewünschte Literatur leicht und schnell zu beschaffen. Die Literaturbeschaffungsstelle des IRB liefert Fachliteratur und schaltet dabei Verlage, Buchhandlungen oder zentrale Fachbibliotheken ein oder kopiert aus eigenen umfangreichen Beständen.

Da die IRB-Literaturauslesen eng eingegrenzte Themen behandeln, wird auf eine inhaltliche Gliederung verzichtet. Über die Register kann gezielt nach bestimmten Problem- und Fragestellungen, Autoren und ggf. Institutionen und Ortsangaben gesucht werden. Die Register verweisen auf eine laufende Nummer, die bei dem jeweiligen Hinweis oben links steht.

Eine IRB-Literaturauslese umfaßt in der Regel 40 bis 200 Hinweise auf Veröffentlichungen, die seit 1976 in die IRB-Datenbanken aufgenommen wurden. Sie wird in kleiner Auflage hergestellt. Vor einer Neuauflage, spätestens jedoch zwei Jahre nach Erscheinen der letzten Auflage, wird der Neuzugang an Veröffentlichungen zum Thema überprüft. Bei weniger als 30 wichtigen neueren Hinweisen wird ein Anhang oder eine Beilage hinzugefügt. Spätestens fünf Jahre nach Erscheinen der letzten Auflage wird eine völlig neu überarbeitete Ausgabe herausgegeben.

Das IRB ist jederzeit bereit, auf Anforderung eine besonders preisgünstige Nachrecherche in den Datenbanken durchzuführen.

Zum Inhalt

Entwicklung, Stand und Tendenzen der Planung, Stadtgestaltung, Stadtentwicklung, Verkehrsplanung, Städtebaupolitik, Wohnungsbau, Sozialismus, DDR

-1-

STADTPLANUNG/STAEDTEBAU

BEBAUUNGSPLANUNG. Neubrandenburg. (DDR)
FLAECHENNUTZUNGSPLANUNG. Neubrandenburg. (DDR)

Grund,I.:
Zur Generalbebauungsplanung fuer die Stadt Neubranden=
burg. (dt.;Ref.engl.,franz.,russ.)
Arch.DDR 25(1976)Nr.10, S.584-591, 20 Abb.

Darstellung der Flaechennutzung, Bebauungsplanung bis
1990 und Grundsaetze fuer die Stadtentwicklung. je
Z 486
RSW 02/77-0117

-2-

STADTPLANUNG/STAEDTEBAU

BEBAUUNGSPLANUNG. Rostock. (DDR)
STADTENTWICKLUNGSPLANUNG. Rostock. (DDR)

Lasch,R.; Beutel,M.; Brauns,K.:
Ergebnisse der Generalbebauungsplanung der Stadt Ro=
stock. Ein Beitrag zur Loesung des
Wohnungsbauprogramms. (dt.;Ref.engl.,franz.,russ.)
Arch.DDR 25(1976)Nr.10, S.596-603, 15 Abb.

Analyse der bisherigen Stadtentwicklung, Konzeption
der weiteren staedtebaulichen Entwicklung. je
Z 486
RSW 02/77-0118

-3-

STADTPLANUNG/STAEDTEBAU

INFRASTRUKTUR. Stadtzentrum. Nutzerbewegung. Or=
ganisation. Standortplanung. Handel. (DDR)
STANDORTPLANUNG. Stadtzentrum. Mikrostandort. Han=
del. Organisation(staedtebaulich). (DDR)

Schulz,K.:
Zur Organisation von Stadtzentren. (dt.)
Arch.DDR 25(1976)Nr.11, S.670-672, 4 Abb.
Beitrag basiert auf einer Dissertation der TU Dresden,
27.5.1975.

Die Untersuchungen befassten sich mit dem aktuellen
Problem einer rationellen Ordnung in Mittelstadt=
zentren unter besonderer Beruecksichtigung von Nutzer=
bewegungen. Die Bewegung zwischen Wohnung oder Ar=
beitsstaette des Nutzers und gesellschaftlichen Ein=
richtungen wurden quantitativ unterschieden. Diese
Unterscheidbarkeit ermoeglichte ein Ordnen der Mikro=
standorte von Einrichtungen im Stadtzentrum. -y-
Z 486
RSW 02/77-0124

-4-

STADTPLANUNG/STAEDTEBAU

NAHBEREICHSPLANUNG. Stadt-Umwelt-Beziehung. Gene=
ralbebauungsplanung. Rostock. (DDR)

Grebin,M.; Schumacher,D.:
Zu den Stadt-Umland-Beziehungen bei der Generalbebau=
ungsplanung im Bezirk Rostock. (dt.;Ref.engl.,franz.,
russ.)
Arch.DDR 25(1976)Nr.10, S.616-619, 5 Abb.

Im Bezirk Rostock wurde versucht, in einem einheit=
lichen Prozess Stadt und Umland komplex zu erfassen
und staedtebaulich zu planen. Darstellung der Unter=
suchungen und Planungsergebnisse. je
Z 486
RSW 02/77-0126

-5-

STADTPLANUNG/STAEDTEBAU

VERKEHR. Fussgaengerzone. Fussgaengerbereich.
Stadtzentrum. Planung. Gestaltung. (DDR)

Andrae,K.; Scheibel,W.:
Fussgaengerbereiche in Stadtzentren - Notizen zu einem Erfahrungsaustausch. (dt.)
Arch.DDR 25(1976)Nr.11, S.647-648, 3 Abb.

Das Institut fuer Staedtebau und Architektur der Bau=akademie der DDR veranstaltete gemeinsam mit der Zen=tralen Fachgruppe Staedtebau des Bundes der Architek=ten ein Kolloquium, dass Erfahrungen ueber bereits realisierte Beispiele und kuenftige Aufgaben der Pla=nung und Gestaltung von Fussgaengerbereichen in Stadt=zentren diskutierte. je

Z 486
RSW 02/77-0142

-6-

STADTPLANUNG/STAEDTEBAU

WETTBEWERB. Stadtgestaltung. Lange Strasse.
Rostock. (DDR)

Lasch,R.; Braeuer,M.; Burchardt,H.:
Architekturwettbewerb fuer das Gebiet "Noerdlich der Langen Strasse" in Rostock. (dt.)
Arch.DDR 25(1976)Nr.10, S.604-607, 10 Abb.

Im Wettbewerb sollte versucht werden, den Hang unter=halb der Langen Strasse als wichtige Erweiterungs=flaeche des Stadtzentrums unter Einbeziehung der dort vorhandenen denkmalgeschuetzten Substanz zu gestalten.
je

Z 486
RSW 02/77-0146

-7-

STADTPLANUNG/STAEDTEBAU

STADTGESTALTUNG. Kleinstadt. Mittelstadt. Stadt=
silhouette. Stadtrand. Strasse. Platz. Erlaeu=
terung. Beispiel. (DDR)

Wessel,G.:
Probleme der staedtebaulich-architektonischen Gestal=
tung in Klein- und Mittelstaedten. (dt.;Ref.engl.,
franz.,russ.)
Arch.DDR 25(1976)Nr.12, S.733-739, 30 Abb.,5 Lit.

ohne Referat
Z 486
RSW 03/77-0147

-8-

BEBAUUNG

BAUBLOCK. Blockbau. Wohnanlage. Elementkonstruk=
tion. Einordnung(staedtebaulich). (DDR)

Piechatzek,W.:
Projektloesungen, Sektionen, Segmente und staedtebau=
liche Einordnung von Gebaeuden in der Blockbauweise.
(dt.)
Bauzeitung 31(1977)Nr.4, S.187-193, 15 Abb.

Entwicklung der Wohnungseinheiten (WE) bzw. Funktions=
einheiten in der Blockbauweise. Beispiele aus den Kom=
binaten WBK Potsdam und IHK Rostock. Darstellung der
Systemgrundlagen, Untersuchungen am Treppenhaus, Dach=
ausbildung sowie Fassadenloesungen. Gegenueberstellung
von typischen Anwendungen und Entwicklungsrichtungen
in der Blockbauweise.
je
Z 381
RSW 07/77-0061

-9-

STADTPLANUNG/STAEDTEBAU

VERKEHR. Strassennetz. Personennahverkehr. Omnibus.
Strassenbahn. Verkehr(ruhend). Entwicklung.
Dresden. (DDR)

Patzer,K.:
Der innenstaedtische Verkehr in Dresden. (dt.)
Nahverkehrsprax. 25(1977)Nr.5, S.198-203, 10 Abb.

ohne Referat
Z 872
RSW 07/77-0228

-10-

STAEDTEBAU

BAULEITPLANUNG. Frankfurt/Oder-Neuberesinchen.
Stadtteil. Bebauungsplanung. (DDR)

Hartzsch,G.:
Frakfurt/Oder-Neuberesinchen. Leitplanung fuer einen neuen Stadtteil. (dt.;Ref.engl.,franz.,russ.)
Arch.DDR 25(1976)Nr.4, S.212-215, Abb.

Lage des Stadtteils in der Gesamtstadt. Standortbedin= gungen. Staedtebauliche Loesung des Wohnungsbaus, der Gesellschaftsbauten und der Stadttechnik. wm
Z 486
08/76-0463

-11-

STAEDTEBAU

ENTWICKLUNG. Berlin-Ost. (DDR)

Grosse Bauaufgaben fuer die Entwicklug der Hauptstadt der DDR. (dt.;Ref.engl.,franz.,russ.)
Arch.DDR 25(1976)Nr.4, S.200-203, Abb.

ohne Referat
Z 486
08/76-0468

-12-

STAEDTEBAU

ERNEUERUNG. Altstadterneuerung. Wismar. (DDR)

Domhardt,W.:
Komplexe Instandsetzung und Modernisierung in der Alt= stadt von Wismar. (dt.;Ref.engl.,franz.,russ.)
Arch.DDR 25(1976)Nr.3, S.162-168, Abb.

ohne Referat
Z 486
07/76-0621

-13-

STADTERNEUERUNG

BAUSUBSTANZ. GEWERBE. INDUSTRIE. Altbaumischgebiet. Industriestandort. Gewerbestandort. Betriebsumsied= lung. Untersuchungsmodell(betriebswirtschaftlich). (DDR)

Bak,I.; Prautzsch,K.:
Oekonomischer Beitrag zur Bestimmung der Reproduk= tionsformen von Arbeitsstaetten in umzugestaltenden Altbaumischgebieten. (dt.)
Wiss.Zeitschr.TU Dresden 26(1977)Nr.5, S.837-841, 2 Abb.,4 Lit.

Betriebswirtschaftliche Untersuchung ueber den Stand= ortverbleib bzw. ueber die Standortaufgabe von in Alt= baumischgebieten befindlichen Arbeitsstaetten. Ablauf= schema zur Planung der Reproduktion dieser Arbeits= staetten nach folgenden Grundsaetzen: 1. iterative Re= produktionsbestimmung 2. iterative Effektivitaetser= mittlung und -beurteilung der Reproduktionsformen 3. relative Selbstaendigkeit der Bestimmung der Reproduk= tion von Mikrostandort und baulicher Substanz. bk
Z 776
RSW 10/77-2232

-14-

STADTPLANUNG/STAEDTEBAU

STADTERWEITERUNG. Bebauungskonzeption. Planungsvor= schlag. Wettbewerb. Cottbus. (DDR)

Burggraf,H.; Fischer,H.; Graefe,B.:
Staedtebauliche Wettbewerbe und Experimentalplanungen als Forschungsgrundlagen fuer den Neubau von Wohnge= bieten und die Umgestaltung von Stadtzentren. VII. Teil: Bericht des Gebietes Staedtebau ueber weitere Planungsarbeiten. (dt.)
Wiss.Zeitschr.TU Dresden 26(1977)Nr.5, S.929-940, 14 Abb.,2 Tab.,1 Lit.

ohne Referat
Z 776
RSW 10/77-2275

-15-

STAEDTEBAU

GESTALTUNG. Altbausubstanz. Umgestaltung. Unter=
suchung. Bezirk Rostock. (DDR)

Graefe,H.:
Untersuchungen zur Umgestaltung der Altbausubstanz
in Staedten des Bezirkes Rostock. (dt.)
Arch.DDR 25(1976)Nr.12, S. 754-755, 2 Abb.,1 Lit.

Die aufgeworfenen Probleme zeigen, dass die Umgestal=
tung von Altbaugebieten in den Staedten einer lang=
fristigen komplexen Vorbereitung bedarf. Darstellung
des Saeulendiagramms "Repruoduktionsmassnahmen an der
Wohnbausubstanz in Fuenfjahresabschnitten". je
Z 486
05/77-0755

-16-

STAEDTEBAU

GESTALTUNG. Kleinstadt. Mittelstadt. Stadtsilhou=
ette. Stadtrand. Strasse. Platz. Erlaeuterung.
Beispiel. (DDR)

Wessel,G.:
Probleme der staedtebaulich-architektonischen Gestal=
tung in Klein- und Mittelstaedten. (dt.;Ref.engl.,
franz.,russ.)
Arch.DDR 25(1976)Nr.12, S.733-739, 30 Abb.,5 Lit.

ohne Referat
Z 486
05/77-0758

-17-

STAEDTEBAU

BAULEITPLANUNG. Bebauungsplanung. Wohnkomplex. Greifswalder Strasse. Einordnung. Massenaufbau. Gliederung. Freiflaeche. Verkehr. Berlin. (DDR)

Korn,R.:
Wohnkomplex Greifswalder Strasse in Berlin. (dt.;Ref. engl.,franz.,russ.)
Archit.DDR 26(1977)Nr.5, S.272-275, 7 Abb.,2 Tab.

Die Wohnanlage fuer 9600 Einwohner entsteht an der Greifswalder Strasse, die die Bezirke Weissensee und Prenzlauer Berg mit dem Stadtzentrum verbindet. Eine hofartige Bauweise soll die Trennung von ruhigen Wohn- und oeffentlichen Verkehrsbereichen gewaehrlei= sten, wobei eine moeglichst storfreie Fussgaengerzone angestrebt wird und eine bildnerische Gestaltung die Absichten des staedtebaulichen Entwurfs unterstreichen soll.
SI

Z 486
11/77-0981

-18-

STAEDTEBAU

ENTWICKLUNG. Generalbebauungsplan. Ordnungsfaktor. Stadterlebnis. Umweltgestaltung. Architektur. Ber= lin. (DDR)

Korn,R.:
Zu den Aufgaben von Staedtebau und Architektur in der Hauptstadt der DDR, Berlin. (dt.;Ref.engl.,franz., russ.)

Am 17.21977 fuehrte das Sekretariat der Bezirksleitung Berlin der SED eine Beratung mit Staedtebauern, Archi= tekten und Projektanten ueber Fragen der weiteren staedtebaulich-architektonischen Gestaltung Ost-Ber= lins durch, in dessen Mittelpunkt das Bemuehen stand, die Qualitaet des komplexen Wohnungsbaus zu erhoehen.
wm

Z 486
11/77-0989

-19-

STAEDTEBAU

ENTWICKLUNG. GESTALTUNG. ERNEUERUNG. Berlin. (DDR)

Naumann,K.:
Fuer eine neue Qualitaet im Staedtebau und in der Architektur unserer Hauptstadt. (dt.;Ref.engl.,franz.)
Archit.DDR 26(1977)Nr.5, S.267-217, 3 Abb.

ohne Referat
Z 486
11/77-0990

-20-

STAEDTEBAU

VERSORGUNG. Trinkwasser. Trockenperiode. 1976. Grundwasserwerk. Talsperrensystem. Sparmassnahme. Erweiterung. Dresden. Freital. (DDR)

Simon,M.; Taenzer,G.; Waechter,A.:
Massnahmen zur Sicherung der Wasserversorgung der Staedte Dresden und Freital - Erfahrungen und Ergeb= nisse 1976. (dt.)
Wasserwirtsch. Wassertech.(wwt) 27(1977)Nr.8, S.247-252, 4 Abb.,3 Tab.

Im Versorgungsgebiet der Staedte Dresden und Freital fuehrte der verminderte Abfluss der Elbe infolge der langanhaltenden Trockenperiode 1976 zu einer Beein= traechtigung der Wasserentnahme in den Grundwasser= werken in Dresden und zu einer kontinuierlichen Redu= zierung des Stauinhalts des Talsperrensystems Lehn= muehle/Klingenberg, das fuer die Wasserversorgung bei= der Staedte entscheidend ist. Um eine kritische Ver= sorgungslage zu vermeiden, wurden neben Sparmassnahmen umfangreiche Rekonstruktions- und Erweiterungsvorhaben durchgefuehrt. -y-
Z 200
11/77-1047

-21-

STADTPLANUNG/STAEDTEBAU

STADTENTWICKLUNGSPLANUNG. Rahmenplanung.
Orjoler-Methode. Ablaufplanung. Anwendung.
Rostock. (DDR)

Loui,K.:
Orjoler Erfahrungen und ihre Anwendung in der Stadt Rostock. (dt.)
Bauztg. 31(1977)Nr.6, S.285-289, 7 Abb.,8 Lit.

Die Verbindung von Generalbebauungsplanung, Haupt=fristenplanung und kontinuierlicher Zweijahresplanung, die nach den in der Stadt Orjol gesammelten Erfah=rungen benannt wurde (Orjoler Methode), wird gegen=waertig in Rostock erprobt. je
Z 381
RSW 11/77-2011

-22-

STADTPLANUNG/STAEDTEBAU

STADTERWEITERUNG. VERKEHR. Neubaugebiet. Neubau=wohngebiet. Verkehrserschliessung. Tagung. Rostock. (DDR)

Graichen,H.:
Verkehrserschliessung von Neubauwohngebieten. (dt.)
Strasse 17(1977)Nr.8, S.348-350

Zusammenfassung der wichtigsten Gedanken, Forderungen und Hinweisen, die sich auf der vom 30.09. bis 02.10. 76 in Rostock veranstalteten Tagung des Fachverbandes Bauwesen der DDR abgezeichneten, hinsichtlich des Fussgaengerverkehrs, des oeffentlichen Pesonenver=kehrs, des Strassen- und des ruhenden Verkehrs sowie des Radverkehrs. bk
Z 272
RSW 11/77-2017

-23-

BAUNORMUNG

RICHTLINIE. Verkehr(ruhend). Anlage. Planung.
Richtwert. Stellplatzbedarf. (DDR)

Kutzka,H.:
Die Planung der Anlagen des ruhenden Verkehrs. (dt.)
Strasse 16(1976)Nr.1, S.5-10, Abb.,Lit.

Richtlinie fuer die Planung der Anlagen des ruhenden Verkehrs in der DDR. Einheitliche und verbindliche Regelungen fuer Ermittlung und Deckung des Stellplatz=bedarfes und staedtebauliche Einordnung der Anlagen. Richtwerte fuer Flaechenbedarf. Richtwert von 1 Stell=platz je Wohnungseinheit ergibt bei Einwohnerdichten von 240-270 E/ha und 5 bis 7 geschossiger Bebauung Flaechenbedarf von 20%. Minderung der Langparkstell=plaetze in Stadtzentren. In Neubaugebieten 20% der Stellplaetze in mehrgeschossigen Anlagen und 70% am Rand der Wohngebiete. Stellplaetze fuer Gemeinschafts=einrichtungen und Arbeitsstaetten in ausreichendem Ab=stand zu Wohngebieten. DS

DS 21536
12/76-0145

-24-

BAUERHALTUNG

INSTANDSETZUNG. Rekonstruktion. Altstadtzentrum.
Bautzen-Fleischmarkt.

Hartmann,H.:
Rekonstruktionskomplex Bautzen-Fleischmarkt. (dt.)
Arch.DDR 25(1976)Nr.7, S.412-415, Abb.

ohne Referat
Z 486
12/76-0800

-25-

STAEDTEBAU

ALLGEMEIN. Sozialplanung. Einbeziehung. Problem.
Aufgabe. (DDR)

Doehler,P.; Vogel,H.:
Probleme und Aufgaben der Einbeziehung der Sozial=planung in den Staedtebau. (dt.)
Arch.DDR 25(1976)Nr.11, S.644-646, 13 Lit.

ohne Referat
Z 486
03/77-0833

-26-

STAEDTEBAU

ALLGEMEIN. Urbanisierung. Siedlungsstruktur. Ten=
denz. (DDR)

Roehr,F.:
Inhalt und Tendenzen der Urbanisierung. (dt.;Ref.
engl.,franz.,russ.)
Arch.DDR 25(1976)Nr.11, S.665-669, 4 Abb.,4 Tab.,
13 Lit.

Ein Beitrag zur Darstellung der allgemeinen Tendenzen
der Urbanisierung in der DDr, Urbanisierung und
Siedlungsstruktur und Bestimmung des Urbanisierungs=
grades und Methoden seiner Messung. je
Z 486
03/77-0837

-27-

STAEDTEBAU

BAULEITPLANUNG. Bebauungsplanung. Ergebnis. Stadt=
entwicklung. Rostock. (DDR)

Lasch,R.; Beutel,M.; Brauns,K.:
Ergebnisse der Generalbebauungsplanung der Stadt
Rostock. Ein Beitrag zur Loesung des
Wohnungsbauprogramms. (dt.;Ref.engl.,franz.,russ.)
Arch.DDR 25(1976)Nr.10, S.596-603, 15 Abb.

Analyse der bisherigen Stadtentwicklung, Konzeption
der weiteren staedtebaulichen Entwicklung. je
Z 486
03/77-0838

-28-

STAEDTEBAU

BAULEITPLANUNG. Bebauungsplanung.
Stadt-Umland-Beziehung. Bezirk Rostock.
(DDR)

Grebin,M.; Schumacher,D.:
Zu den Stadt-Umland-Beziehungen bei der
Generalbebauungsplanung im Bezirk Rostock. (dt.;Ref.
engl.,franz.,russ.)
Arch.DDR 25(1976)Nr.10, S.616-619, 5 Abb.

Im Bezirk Rostock wurde versucht, in einem
einheitlichen Prozess Stadt und Umland komplex zu
erfassen und staedtebaulich zu planen. Darstellung der
Untersuchungen und Planungsergebnisse. je
Z 486
03/77-0839

-29-

STAEDTEBAU

BAULEITPLANUNG. Flaechennutzungsplanung. Bebauungsplanung. Geschichte. Neubrandenburg. (DDR)

Grund,I.:
Zur Generalbebauungsplanung fuer die Stadt Neubrandenburg. (dt.;Ref.engl.,franz.,russ.)
Arch.DDR 25(1976)Nr.10, S.584-591, 20 Abb.

Darstellung der Flaechennutzung, Bebauungsplanung bis 1990 und Grundsaetze fuer die Stadtentwicklung. je
Z 486
03/77-0840

-30-

STAEDTEBAU

ENTWICKLUNG. Dorf. Flaechennutzungskonzeption. Ortsgestaltungskonzeption. Siedlungszen=trum(laendlich). Ueberlegung. Massnahme. Bezirk Neubrandenburg. (DDR)

Metelka,A.:
Doerfer neuer Qualitaet und neuer Dimensionen. Laendliche Siedlungszentren im Bezirk Neubrandenburg. (dt.;Ref.engl.,franz.,russ.)
Arch.DDR 25(1976)Nr.10, S.620-623, 11 Abb.

Die Praxis zeigt, dass verhaeltnismaessig kleine Doerfer zu laendlichen Siedlungszentren entwickelt werden muessen, um den komplexen gesellschaftlichen Beduerfnissen des jeweiligen Territoriums gerecht zu werden. Anhand mehreren Abbildungen werden Ortsge=staltungskonzeptionen dargestellt. je
Z 486
03/77-0845

-31-

STAEDTEBAU

GESTALTUNG. Fussgaengerzone. Stadtzentrum. Erfah=
rung. Aufgabe. (DDR)

Andrae,K.; Scheibel,W.:
Fussgaengerbereiche in Stadtzentren - Notizen zu
einem Erfahrungsaustausch. (dt.)
Arch.DDR 25(1976)Nr.11, S.647-648, 3 Abb.

Das Institut fuer Staedtebau und Architektur der
Bauakademie der DDR veranstaltete gemeinsam mit der
Zentralen Fachgruppe Staedtebau des Bundes der
Architekten ein Kolloquium, dass Erfahrungen ueber
bereits realisierte Beispiele und kuenftige Aufgaben
der Planung und Gestaltung von Fussgaengerbereichen
in Stadtzentren diskutierte.
je

Z 486
03/77-0858

-32-

STAEDTEBAU

GESTALTUNG. Lange Strasse. Wettbewerb.
Rostock. (DDR)

Lasch,R.; Braeuer,M.; Burchardt,H.:
Architekturwettbewerb fuer das Gebiet "Noerdlich der
Langen Strasse" in Rostock. (dt.)
Arch.DDR 25(1976)Nr.10, S.604-607, 10 Abb.

Im Wettbewerb sollte versucht werden, den Hang
unterhalb der Langen Strasse als wichtige
Erweiterungsflaeche des Stadtzentrums unter
Einbeziehung der dort vorhandenen denkmalgeschuetzten
Substanz zu gestalten.
je

Z 486
03/77-0859

-33-

STAEDTEBAU

INFRASTRUKTUR. Stadtzentrum. Nutzerbewegung.
Gesichtspunkt(staedtebaulich). Mikrostandort.
(DDR)

Schulz,K.:
Zur Organisation von Stadtzentren. (dt.)
Arch.DDR 25(1976)Nr.11, S.670-672, 4 Abb.
Beitrag basiert auf einer Dissertation der TU Dresden,
27.5.1975

Die Untersuchungen befassten sich mit dem aktuellen
Problem einer rationellen Ordnung in
Mittelstadtzentren unter besonderer Beruecksichtigung
von Nutzerbewegungen. Die Bewegung zwischen Wohnung
oder Arbeitsstaette des Nutzers und gesellschaftlichen
Einrichtungen wurden quantitativ unterschieden. Diese
Unterscheidbarkeit ermoeglichte ein Ordnen der
Mikrostandorte von Einrichtungen im Stadtzentrum. -y-
Z 486
03/77-0866

-34-

STAEDTEBAU

ALLGEMEIN. Wiederaufbau. Dresden. Leipzig.
Berlin. (DDR)

Schoen,R.:
DDR-Staedtebau. Aufbruch in ein neues Zeitalter?
Dresden - zweifach zerstoert. Mein Leipzig - lob'
ich's mir? Berlin - verpasste Chancen. (dt.)
Dt.Bauztg.(db/BDB) 111(1977)Nr.9, S.25-38, zahlr.Abb.

ohne Referat
Z 75
01/78-1159

-35-

STAEDTEBAU

ENTWICKLUNG. Kreisstadt. Umland. Entwicklungsge=
schichte. Entwicklungsplanung. Delitzsch. (DDR)

Billig,R.; Muehlner,G.:
Delitzsch - eine Kreisstadt mit dynamischer Entwick=
lung. (dt.)
Archit.DDR 26(1977)Nr.6, S.334-335, 7 Abb.

Darstellung der Entwicklung der 700 Jahre alten Kreis=
stadt mit gesellschaftlich-wirtschaftlicher Entwick=
lung, Verhaeltnis der Stadt zu ihrem Umland, die
staedtebauliche Entwicklung bis 1976 und die Entwick=
lung der staedtebaulichen Planungsziele fuer die
kuenftige Weiterentwicklung. SI
Z 486
01/78-1163

-36-

STAEDTEBAU

GESTALTUNG. Stadtzentrum. Leipzig. (DDR)

Wendorf,W.:
Gestaltungsmassnahmen im Stadtzentrum von Leipzig.
(dt.;Ref.engl.,franz.,russ.)
Archit.DDR 26(1977)Nr.6, S.354-361, 14 Abb.

Der Leipziger Stadtkern nimmt trotz seiner relativ
kleinen Flaeche von etwa 600x800m im Leben der Stadt
einen zentralen Platz ein, auf dem sich vielfaeltige
Funktionen realisieren. Vom Buero des Chefarchitekten
der Stadt Leipzig wurde eine detaillierte Gestaltungs=
konzeption fuer die Jahre 1976 bis 1980 erarbeitet. SI
Z 486
01/78-1173

-37-

STAEDTEBAU

GESTALTUNG. Wohngebiet. Bebauungsplan. Leip=
zig-Gruenau. (DDR)

Gross,A.:
Wohngebiet Leipzig-Gruenau. (dt.;Ref.engl.,franz.,
russ.)
Archit.DDR 26(1977)Nr.6, S.336-345, 29 Abb.

Ueberblick ueber die staedtebauliche Gesamtplanung des
zweitgroessten Wohnungsbauvorhabens in Leipzig-Gruenau
zwischen 1976 und 1980 mit Darstellung der Planungen,
Wettbewerbe und Variantenvergleiche. Bis 1980 sollen
in Gruenau ueber 15000 Wohnungen gebaut werden. SI
Z 486
01/78-1176

-38-

STAEDTEBAU

VERSORGUNG. Erschliessung(stadttechnisch).Wohn=
gebietsplanung. Bebauungsplanung. Bestandteil.
Planungsempfehlung. Verfahren. Richtwert. (DDR)

Rascher,H.:
Stadttechnische Erschliessung als integrierter Be=
standteil der Wohngebietsplanung. (dt.)
Archit.DDR 26(1977)Nr.7, S.434-437, 8 Abb.,1 Tab.,
6 Lit.

Moeglichkeiten einer rationellen stadttechnischen
Erschliessung bei der Standortvorbereitung und der
Ausarbeitung der Bebauungskonzeption, wobei reali=
sierte und geplante Wohngebiete untersucht und ausge=
wertet werden. Planungsempfehlungen, Verfahren und
Richtwerte. SI
Z 486
01/78-1192

-39-

STADTERNEUERUNG
ALLGEMEIN. Ostvorstadt. Umgestaltung. Leipzig.
(DDR)

Schulze,J.; Denda,M.:
Zur Umgestaltung der Ostvorstadt von Leipzig. (dt.;
Ref.engl.,franz.,russ.)
Archit.DDR 26(1977)Nr.6, S.346-351, 15 Abb.

Im Planungsgebiet befinden sich ueber 79000 Einwohner
und 32000 Arbeitsplaetze, aber 90% des Baubestandes
ist aelter als 60 Jahre. Die Beispielplanung gliedert
sich in die Analyse mit Herausarbeitung der Planungs=
grundsaetze, die Leitplanung und die Bebauungskonzep=
tion fuer ein Teilgebiet als Kernstueck der Beispiel=
planung. Hauptziel der Planung sind die Entkernung
und Modernisierung der Wohnsubstanz, Wohnungsneubau,
Arbeitsstaettenkonzentration, eine grosszuegige Gruen=
planung und die Betonung bestehender Hauptachsen. SI
Z 486
01/78-2235

-40-

STADTPLANUNG/STAEDTEBAU
BEBAUUNGSPLANUNG. Generalbebauungsplan. Qualitaet.
Erfahrung. Begutachtung. (DDR)

Schattel,J.:
Fuer eine hoehere Qualitaet der Generalbebauungs=
planung. Zu einigen Ergebnissen und Erfahrungen bei
der Begutachtung der Generalbebauungsplaene von
Staedten der DDR. (dt.;Ref.engl.,franz.,russ.)
Archit.DDR 26(1977)Nr.7, S.389-392, 4 Abb.,2 Lit.

Im Interesse einer hohen Qualitaet werden die General=
bebauungsplaene von ausgewaehlten Staedten der DDR
analysiert und begutachtet. Dabei wurden Erfahrungen
gewonnen, die auch fuer die Generalbebauungsplanung
in anderen Staedten grundsaetzliche Bedeutung haben.
Als Schwerpunkte fuer die weitere Bearbeitung der
Generalbebauungsplaene werden u.a. die zeitliche und
raeumliche Koordinierung aller staedtebaulichen Mass=
nahmen, die Ermittlung des Investitions- und Baube=
darfs und der Nachweis der Effektivitaet der staedte=
baulichen Loesungen hervorgehoben. SI
Z 486
01/78-2257

-41-

STADTPLANUNG/STAEDTEBAU

BEBAUUNGSPLANUNG. STADTENTWICKLUNGSPLANUNG.
Generalbebauungsplan. Stadtregion. Leipzig. (DDR)

Siegel,H.:
Generalbebauungsplan der Stadtregion Leipzig. (dt.; Ref.engl.,franz.,russ.)
Archit.DDR 26(1977)Nr.6, S.328-333, 8 Abb.

Mit 4100 Einwohnern/qkm hat die Stadt Leipzig die groesste Bevoelkerungsdichte in der DDR und die Stadt und ihr Umland sind durch ein System gesellschaft= licher und oekonomischer Wechselbeziehungen vielfael= tig verbunden. Die Stadtregion ist Standort wichtiger industrieller Produktionsstaetten und zahlreicher oeffentlicher Funktionen. Darstellung der zukueftigen Entwicklung der Flaechennutzung, des Systems der Teil= zentren, der Gruen- und Erholungsflaechen und der Modernisierung des Wohnungsbestandes und des Wohnungs= baus. SI

Z 486
01/78-2258

-42-

STADTERNEUERUNG

SANIERUNG. Stadtkern. Altbau. (DDR)
MODERNISIERUNG. Wohnwert.

Lammert,U.:
Staedtebauliche Planung der Umgestaltungen von Altbau= gebieten und Stadtkernen. (dt.;Ref.engl.,franz.,russ.)
Arch.DDR 26(1977)Nr.1, S.18-25, Abb.

Bis zum Jahre 1980 und auch noch spaeter wird es sicher in einigen Staedten in der DDr eine extensive Entwicklung der Wohngebietsflaechen geben. Das Haupt= problem aber bildet bei der Loesung der Wohnungsfrage in der DDR die grundlegende Verbesserung der Qualitaet der bestehenden Wohnungssubstanz und der Wohngebiete. Das Institut fuer Staedtebau und Architektur hat Empfehlungen, Methoden und Richtwerte fuer die Generalbebauungsplanung und Beispielplanungen fuer mehrere Staedte erarbeitet. Grundlagen fuer die Durch= setzung der Takt- und Fliessfertigung bei der Moderni= sierung liegen vor. An der Neuentwicklung und An= passung bestehender Erzeugnisse an die Bedingungen des Ersatzneubaus wird gearbeitet. SI

Z 486
RSW 05/77-0136

-43-

STADTPLANUNG/STAEDTEBAU

KULTUR. Fertigbau. Variabilitaet. Rationalisierung. (DDR)

Trauzettel,H.:
Das Bausteinprinzip im Gesellschaftsbau, eine Grund= lage fuer dessen Qualifizierung unter den Bedingungen der Intensivierung des komplexen Wohnungsbaus. (dt.; Ref.engl.,franz.,russ.)
Arch.DDR 26(1977)Nr.2, S.113-117, Abb.,Tab.

Fuer die Entwicklung der gesellschaftlichen Bauten von Wohngebieten schlaegt der Verfasser ein Bausteinprin= zip vor, das es ermoeglicht, auf rationelle Weise eine hohe staedtebaulich-architektonische Variabilitaet mit den Prinzipien des industriellen Bauens zu verbinden. Dafuer sollen Projektbausteine entwickelt und ihre Realisierung erprobt werden. SI
Z 486
RSW 05/77-0150

-44-

STADTPLANUNG/STAEDTEBAU

WOHNEN. Wohngebiet. Gestaltung. Planung. Beispiel. (BG) (CS) (DDR) (H) (PL) (R) (SU)

Rietdorf,W.:
Neue Wohngebiete sozialistischer Laender. Entwicklungstendenzen. Progressive Beispiele. Planungsgrundsaetze. (dt.)
Berlin: Verlag fuer Bauwesen 1976. 296 S., 433 Abb., 48 Tab.,183 Lit.
DM 48,--

Sozialpolitische und staedtebauliche Aufgaben und Ziele des Wohnungsbaus in den sozialistischen Laen= dern. Beispiele fuer den Neubau von Wohngebieten in Bulgarien, Polen, Ungarn, Rumaenien, der Tschecho= slowakei, der Sowjetunion und der DDR unter sozialen, oekonomischen, architektonischen und technischen Aspekten. te
17/W-Rie-7198
RSW 05/77-0165

-45-

WOHNEN/WOHNUNG

ALLGEMEIN. DDR.

Habitat DDR. Gesellschaftspolitische und oekonomische Grundlagen, Wohnungsbau, Staedtebau und Siedlungsnetzplanung in der Deutschen Demokratischen Republik. (dt.,franz.,span.)
Bearb.: Kose,G.; Barth,G.; Collein,D.; Doehler,P.; Gericke,H.; Kluge,H.; Ostwald,W.; Rietdorf,W.; Scholz,H.; Schultze,H..
Hrsg.: Ministerium fuer Bauwesen der Deutschen Demo=kratischen Republik, Berlin.
Berlin: Selbstverlag 1976. 138 S., Abb.

Zur UNO-Konferenz ueber menschliche Siedlungen, Habitat, 1976 in Vancover/Kanada legte der Minister fuer Bauwesen der DDR eine Broschuere vor, die die sozialistische Wohnungspolitik sowie die Grundzuege des Staedtebaus und der Siedlungsnetzplanung erlaeu=tert. co
7087
RSW 05/77-0228

-46-

STAEDTEBAU

GESTALTUNG. Einfamilienhaus. Flachbau(verdichtet). Teppichsiedlung. (DDR)

Sommerer,K.:
Beispielplanungen fuer die Entwicklung des verdich=teten Flachbaus im individuellen Wohnungsbau. (dt.; Ref.engl.,franz.,russ.)
Arch.DDR 26(1977)Nr.3, S.136-140, Abb.

Der wachsende Umfang des Eigenheimbaus erfordert Be=bauungsformen, die eine intensive Nutzung des Baulands und eine rationelle Erschliessung ermoeglichen. Bei=spielplanungen fuer die Entwicklung eines verdichte=ten Flachbaus zeigen, dass durch Anwendung von Reihen= und Gartenhofhaeusern 20 bis 50 Prozent an Bauland und an Erschliessungsaufwand gegenueber einer Be=bauung mit Einzelhaeusern eingespart werden koennen. Eine solche Bebauung bietet fuer die Bewohner und fuer das Stadtbild Vorteile. SI
IRB; Z 486
08/77-0034

-47-

STAEDTEBAU

GESTALTUNG. Umgestaltung. Kroepliner-Tor-Vorstadt.
Ideenwettbewerb. Rostock. (DDR)

Engelstaedter,D.:
Staedtebauliche Studie zur Umgestaltung der Kroepliner-Tor-Vorstadt in Rostock. (dt.)
Arch.DDR 26(1977)Nr.4, S.238-243, Abb.

ohne Referat
Z 486
08/77-0040

-48-

STAEDTEBAU

VERSORGUNG. Wasserversorgungsleitung. Einzeltrasse.
Sammeltrasse. Versuchsstrecke(grosstechnisch).
Ergebnis. Berlin. (DDR)

Schmidt,H.; Deutschmann,G.:
Die grosstechnische Erprobung der Flachverlegung von Versorgungsleitungen. (dt.)
Bauzeitung 30(1976)Nr.11, S.587-589, 4 Abb., 3 Lit.

Grundsaetzliches zur Gesammtproblematik der Flachver=
legung von Versorgungsleitungen. Grosstechnische Er=
probung der Wasserversorgungsleitung unter Einzeltras=
senbedingungen und eine Sammeltrasse im Nebener=
schliessungsnetz.
je
Z 381
03/77-0889

-49-

STAEDTEBAU

GESTALTUNG. Stadtzentrum. Stadtkern. Berlin(Ost).
Ostberlin. (DDR)

Werner,F.:
Das Stadtzentrum von Berlin/Ost. (dt.;Ref.engl.)
Geogr.Rundsch. 29(1977)Nr.8, S.254-261, Abb.,Lit.

ohne Referat
Z 982
02/78-1211

-50-

STADTPLANUNG/STAEDTEBAU

VERKEHR. Erschliessung. Isoimpensenverfahren. Planungssimulation. (DDR)

Werner,D.:
Neue Moeglichkeiten fuer die Aufwandsenkung der inneren Erschliessung von Neubauwohngebieten ueber die staedtebaulich-architektonische Konzeption. (dt.;Ref. russ.)
Wiss.Hochsch.Archit.u.Bauw., Weimar 24(1977)Nr.2, S.145-151, 6 Abb.,1 Tab.,2 Lit.

Ein neu entwickeltes Isoimpensenverfahren zur Aufwand=senkung der inneren Erschliessung von Neubauwohnge=bieten ermoeglicht es, schon in der Phase der Erarbei=tung von staedtebaulich-architektonischen Konzeptionen die Bedingungen der stadttechnischen und verkehrlichen Erschliessung zu beruecksichtigen. gg
Z 447
02/78-2366

-51-

WISSENSCHAFT/GRUNDLAGEN

AUSBILDUNG. Staedtebau. Gebietsplanung. Studien=arbeit. Hochschule. Weimar. (DDR)

Sieber,K.:
Komplexbeleg Generalplanung. Eine Form des wissenschaftlich-produktiven Studiums in Gebietsplanung und Staedtebau. (dt.)
Wiss.Z.Hochsch.Archit.u.Bauw., Weimar 24(1977)Nr.3, S.243-252, 9 Abb.

In den Arbeitsgebieten Gebietsplanung, Staedtebau und Verkehr/Stadttechnik werden zusammenfassend anhand eines konkreten Untersuchungsobjektes (Mittelstadt) die zuvor in den verschiedensten Einzeldisziplinen erworbenen generalplanerischen Kenntnisse und Faehig=keiten erprobt und erweitert. Der Beleg ist stark arbeitsteilig organisiert, wird durch kollektive und interdisziplinaere Zusammenarbeit bestimmt und hat eine komplexe Studie zum Generalplan einer Stadt als Ziel. -y-
Z 447
02/78-2479

-52-

STAEDTEBAU

BAULEITPLANUNG. Mischgebiet. Stadt. Erneuerung. (DDR)
INFRASTRUKTUR. Mischgebiet. Stadt. Umgestaltung. (DDR)

Lander,KH.; Schmidt,E.:
Zum Problem der Planung von Arbeitsstaetten der Industrie bei der Umgestaltung staedtischer Mischge= biete. (dt.)
Wiss.Zeitschr.Techn.Univ.Dresden 24(1975)Nr.5, S.1153-1162, Abb.,Lit.

ohne Referat
Z 776
06/76-0527

-53-

STADTPLANUNG/STAEDTEBAU

STADTENTWICKLUNGSPLANUNG. RAHMENPLANUNG. STADTGE= STALTUNG. Stadtstruktur. Entstehung. Entwicklung. Leitbild(staedtebaulich). Grundlage. Gesellschaft. Funktion. Baustruktur. Verkehr. Stadtbild. Halle. DDR.

Kroeber,G.:
Das staedtebauliche Leitbild zur Umgestaltung unserer Staedte. Dargestellt am Beispiel der Stadt Halle. (dt.)
Berlin/Ost: VEB Verlag fuer Bauwesen 1980. 176 S., Abb.,Lit.
= Kleine R.Archit.
MDN 13,80

Sonnvolle Loesungen zur Beseitigung des Wohnungspro= blems in Staedten muessen u.a. die Erhaltung und Umge= staltung bestehender Altstadtkerne beruecksichtigen. Die hierzu erforderlichen staedtebaulichen Zielvor= stellungen setzen eine grundlegende Gesamtkonzeption kuenftiger Entwicklungen voraus, die in Form von Leit= bildern den Rahmen fuer die Stadtentwicklung festle= gen. Am Beispiel der Stadt Halle werden fuer gesell= schaftliche, funktionale und baulich-raeumliche Struk= turen sowie fuer das Verkehrssystem und die Stadtge= stalt sozialistische Leitbilder der Stadtentwicklung beschrieben und deren Bedeutung fuer die Umgestaltung der Staedte in der DDR aufgezeigt. za
IRB; 65Kroe
08/81-0064

-54-

BEVOELKERUNG/GESELLSCHAFT

WOHNBEVOELKERUNG. BEVOELKERUNGSENTWICKLUNG. Bevoel=
kerungsstatistik. Bebauungsplanung. Planungsunter=
lage. Kleinstadt. Mittelstadt. DDR.

Bergelt,Karl; Huehnerbein,Inge:
Tendenzen der Einwohnerentwicklung ausgewaehlter
Klein- und Mittelstaedte der DDR. (dt.)
Wiss.Z.Hochsch.Archit.u.Bauw., Weimar 27(1980)Nr.1/2,
S.23-26, Abb.,Lit.

Angaben zur Groesse und Entwicklung der Einwohnerzahl
gehoeren zu den wesentlichen Grundlagen und Ergebnis=
sen der Generalbebauungsplanung der Staedte. Bereits
geringfuegige Veraenderungen der Einwohnerzahl,-struk=
tur und -verteilung koennen zu einschneidenden Veraen=
derungen der Stadtstruktur, der Funktionsbeziehungen,
des Ausstattungsgrades u.a.m. und schliesslich zur
Notwendigkeit der Ueberarbeitung der Generalbebauungs=
plaene fuehren. Anhand eines Vergleiches der Angaben
zur Einwohnerentwicklung und anderen Planungsaussagen
wird nachgewiesen, dass die derzeitige Qualitaet und
Quantitaet der Angaben zum Stand und Entwicklung der
Einwohnerzahl nicht ausreichend ist. Die behandelten
nicht ausreichend ist. Die behandelten Probleme werden
Probleme werden durch konkrete Beispiele aus der
staedtebaulichen Planungspraxis belegt und Vorschlaege
fuer ihre Loesung aufgezeigt. -z-
IRB; Z 447
08/81-0719

-55-

STAEDTEBAU

BAULEITPLANUNG. Bebauungsplanung. Berlin-NO. 9.
Bezirk. (DDR)

Korn,R.; Schweizer,P.; Walter,R.:
Stadtbezirk in Berlin. (dt.;Ref.engl.,franz.,russ.)
Arch.DDR 25(1976)Nr.9, S.548-555, 18 Abb.

Einordnung in das Stadtgebiet, Groesse und Begrenzung
des Plangebietes. Staedtebauliche Grundstruktur und
Bebauungskonzeption. wm
Z 486
01/77-0882

-56-

STAEDTEBAU

ENTWICKLUNG. Planung. Gestaltung. Berlin-Ost. (DDR)

Korn,R.:
Zur kuenftigen staedtebaulichen Gestaltung der Haupt=
stadt der DDR, Berlin. (dt.;Ref.engl.,franz.,russ.)
Arch.DDR 25(1976)Nr.9, S.517-528, 27 Abb.

ohne Referat
Z 486
01/77-0893

-57-

STAEDTEBAU

GESTALTUNG. Umgestaltung. Ideenwettbewerb.
Innenstadt. Bischofswerda. (DDR)

Pampel,W.:
Staedtebaulicher Ideenwettbewerb fuer den
Innenstadtbereich von Bischofswerda. (dt.;Ref.engl.,
franz.,russ.)
Arch.DDR 25(1976)Nr.7, S.420-425, Abb.

Fuer die zunehmend an Bedeutung gewinnende
intensive Umgestaltung und Erneurerung der
Mittelstaedte in der DDR werden bereits Wettbewerbe
durchgefuehrt, die es erlauben, Leitvorstellungen
zu entwickeln und den langfristigen staedtebbaulichen
Vorlauf zu sichern. Die Kreisstadt Bischofswerda im
Bezirk Dresden, in der zur Zeit rund 11000 Menschen
leben, ist administrativer und gesellschaftlicher
Mittelpunkt eines Einzugsbereiches von rund 70000
Einwohnern. Zur Umgestaltung des Innenstadtbereiches
wurde 1975 ein republikoffener Ideenwettbewerb
durchgefuehrt, der von der Erhaltung des Marktplatz=
ensembles und der angrenzenden Bebauung ausging.
Eine Jury, der namhaften Vertreter des Bezirkes
angehoerten, vergab zwei 2.Preise, einen 3.Preis,
einen 4.Preis und vier Ankaeufe. Die preisgekroenten
Wettbewerbsbeitraege werden in diesem Artikel
vorgestellt. -z-
Z 486
12/76-1023

-58-

STAEDTEBAU

GESTALTUNG. Umgestaltung. Kroepliner-Tor-Vorstadt.
Ideenwettbewerb. Rostock. (DDR)

Engelstaedter,D.:
Staedtebauliche Studie zur Umgestaltung der Kroep=
liner-Tor-Vorstadt in Rostock. (dt.)
Arch.DDR 26(1977)Nr.4, S.238-243, Abb.

ohne Referat
Z 486
08/77-0989

-59-

STAEDTEBAU

VERKEHR.Fussgaengerzone. Planungsgrundsatz. Mass=
nahme(verkehrstechnisch). Massnahme(baulich). (DDR)

Kutza,H.:
Planung der Verkehrsanlagen fuer Fussgaengerbereiche.
(dt.)
Strasse 18(1978)Nr.1, S.4-6,11, 1 Abb.,4 Tab.

Analyse der Fussgaengerzonen in verschiedenen Staedten
der DDR mit Darstellung der verkehrstechnischen und
baulichen Massnahmen bei der Errichtung von Fussgaen=
gerzonen, Aufgaben und Ziele fuer die Planung und Ge=
staltung der Verkehrsanlagen. Planungsgrundsaetze fuer
den Fussgaengerverkehr, Kraftfahrzeug-, oeffentlichen
Personen-, Versorgungs- und Fahrradverkehr. ub
Z 272
03/78-1021

-60-

ARCHITEKTUR

WOHNGEBAEUDE. Qualitaetsverbesserung. Wohngebiet. Gestaltung. Wohnwert. Inselplanung. Detailgestal= tung. DDR.

Rietdorf,Werner:
Gedanken zur Erhoehung der Qualitaet unserer neuen Wohngebiete. (dt.)
Archit.DDR 26(1977)Nr.8, S.490-496, Abb.

Gestaltungsprobleme, die bei der Planung von neuen Wohngebieten bisher zu wenig beachtet wurden, deren Loesung den Wohnwert jedoch wesentlich verbessern wuerde. Die teilweise noch bestehende Tendenz zur "Inselplanung" muss ueberwunden werden, und die Fragen nach den gesellschaftspolitischen Prioritaeten muessen offengelegt werden. Die Bedeutung der Details an Wohn= gebaeuden und bei der Gestaltung der Wohngebiete darf nicht unterschaetzt werden. Die Ausfuehrungen werden mit Beispielen belegt. SI

IRB; Z 486
04/78-0200

-61-

STAEDTEBAU

BAULEITPLANUNG. VERKEHR. Generalverkehrsplanung. Generalbebauungsplanung. Symposium. Bericht. DDR.

Kutza,Heinz:
Generalverkehrsplanung und sozialistischer Staedtebau. (dt.)
Archit.DDR 26(1977)Nr.10, S.631-632, Abb.

Ziel des Symposiums "Generalverkehrsplanung und ihre Wechselbeziehungen zum sozialistischen Staedtebau" war es, die sich aus der Realisierung des Wohnungsbaupro= gramms ergebenden hoeheren Anforderungen an die lang= fristige Verkehrsplanung zu diskutieren. Behandelt wurden drei Themenkreise: Gesellschaftspolitische und verkehrspolitische Zielsetzung/ Wechselbeziehungen zwischen Generalverkehrs- und Generalbebauungsplanung/ Methoden und Verfahren der Generalverkehrs- und Gene= ralbebauungsplanung. SI

IRB; Z 486
04/78-0042

-62-

ARCHITEKTUR

WOHNGEBAEUDE. Mehrfamilienhaus. Bauausfuehrung.
Wohnanlage. Fertigteilbau. Fritz Heckert.

Beuchel,Karl-Joachim; Weigel,Eckhard:
Wohngebiet "Fritz Heckert" in Karl-Marx-Stadt. (dt.; Ref.engl.,franz.,russ.)
Archit.DDR 27(1978)Nr.1, S.6-17, Abb.,Tab.

Das Wohngebiet im Suedwesten von Karl-Marx-Stadt ist fuer 100 000 Einwohner ausgelegt und wird durch ent=sprechende Nutzung der Gelaendestrukturen nahezu all=seitig von Gruenflaechen umgeben sein. Bericht ueber die einzelnen Phasen der staedtebaulichen und bauli=chen Planung sowie ueber die bauliche Realisierung. SI
IRB; Z 486
08/78-0495

-63-

STAEDTEBAU

BAULEITPLANUNG. Bebauungsplanung. Freiflaechenpla=nung. Verkehr. Gesellschaftliche Einrichtung.
Wohnbebauung.

Gross,Ambros G.; Wellner,Hans Dietrich:
Zur staedtebaulichen Konzeption des Wohnkomplexes Leipzig-Schoenefeld. (dt.;Ref.engl.,franz.,russ.)
Archit.DDR 27(1978)Nr.1, S.26-31, Abb.,Tab.

Mit insgesamt 4300 Wohnungen ist der beschriebene Wohnkomplex der bisher groesste realisierte von Leip=zig. Hier wurden neue Erfahrungen mit dem vorgefertig=ten Wohnungsbau, neuen Bautechnologien und neuen stadttechnischen Loesungen im grossen Massstab gewon=nen. SI
IRB; Z 486
08/78-0494

-64-

STAEDTEBAU

BAULEITPLANUNG. Wohnbebauung.

Grselka,Gudrun; Toepfer,Wolfgang:
Leitplanung fuer das Wohngebiet Spechthausener Strasse in Eberswalde-Finow. (dt.;Ref.engl.,franz.,russ.)
Archit.DDR 27(1978)Nr.1, S.37-39, Abb.

Auf der Grundlage der Volkswirtschaftsplanung entste= hen im Raum Eberswalde weitere Grossbetriebe der land= wirtschaftlichen Produktion. Fuer die Beschaeftigten in diesen Betrieben wird die Errichtung eines Wohnge= bietes mit etwa 6000 Wohneinheiten geplant. Die Pla= nungsgrundlagen fuer diese Wohnanlage werden darge= legt. SI
IRB; Z 486
08/78-0492

-65-

BAUERHALTUNG

INSTANDSETZUNG. MODERNISIERUNG. UNTERHALTUNG. Instandhaltung. Altbaugebiet. Hofkomplex. Innen= hof. Garten. Garage. Trockenplatz. Konzept(Gestal= tung). Hausgemeinschaft. Spielgeraet. Leipzig. DDR.

Bergmann,Gerhard:
Erfahrungen bei der Gestaltung von Hofkomplexen in Modernisierungsgebieten. (dt.)
Bauztg. 32(1978)Nr.4, S.200-201, Abb.

Bei der Modernisierung von Wohngebieten wurden in Leipzig, Stadtteil Leutzsch, auch Innenhoefe in die Umgestaltung einbezogen. Dabei liess man sich von dem Gedanken leiten, dass ein Innenhof nur dann umge= staltet werden soll, wenn die Instandhaltung dauerhaft und deshalb planmaessig gesichert erscheint.
Es ist somit instandhaltungsarm zu bauen. Die Kosten hier betrugen etwa 40,-DM/qm.
Zusammenfassend werden Erfahrungen und Schlussfolge= rungen dieser Innenhofgestaltung eroertert. sa
IRB; Z 381
05/78-0599

-66-

ARCHITEKTUR

WOHNGEBAEUDE. Mietwohnungsgebaeude. Planung. Ge=
staltung. Neuer Stadtteil. Bebauung.
Ho-Chi-Minh-Strasse. Berlin. DDR.

Koehler,Lothar; Ruehle,Dieter:
Neubauwohnkomplex Leninallee, Ho-Chi-Minh-Strasse,
Berlin. (dt.;Ref.engl.,franz.,russ.)
Archit.DDR 26(1977)Nr.11, S.649-655, Abb.

Der bisher groesste Neubauwohnkomplex in Berlin mit
rund 15 000 Wohnungen und entsprechenden gesellschaft=
lichen Einrichtungen wird nach seiner Fertigstellung
bis 1980 etwa 50 000 Buerger aufnehmen. Er ist unge=
faehr 5 km vom Stastzentrum entfernt. Die 170 Hektar
umfassende Flaeche ist in drei Wohngebiete gegliedert,
die durch die Zuordnung von gesellschaftlichen Ein=
richtungen wie Schulen, Kindergaerten, Gaststaetten
und Dienstleistungsobjekten guenstige Einzugsbereiche
bieten. Die landschaftlichen Gegebenheiten bieten
gute Moeglichkeiten fuer Erholung und sportliche
Betaetigung. SI
IRB; Z 486
05/78-0394

-67-

STAEDTEBAU

ERNEUERUNG. GESTALTUNG. Altstadtkern. Umgestaltung.
Entwurfsseminar(international). Berlin-Koepenick. DDR.

Urbanski,Wolfgang:
Internationales Entwurfsseminar fuer die Umgestaltung
der Altstadt Berlin-Koepenick. (dt.;Ref.engl.,franz.,
russ.)
Archit.DDR 26(1977)Nr.12, S.714-722, Abb.

Fuer die Umgestaltung der Altstadt von Berlin-Koepe=
nick fuehrte der Bund der Architekten der DDR in Zu=
sammenarbeit mit dem Magistrat von Berlin und der
Hochschule fuer Architektur und Bauwesen Weimar ein
internationales Entwurfsseminar durch, an dem sich
Architektenkollektive aus der UdSSR, Polen, Bulgarien,
CSSR, UVR und DDR beteiligten. Im Beitrag werden Ziele
und Ergebnisse dieses Entwurfsseminars vorgestellt. SI
IRB; Z 486
05/78-0379

-68-

STAEDTEBAU

GESTALTUNG. Freiflaeche. Gruenraum. Planungsab=
lauf. Kinderspielplatz. Ho-Chi-Minh-Strasse. Berlin.
DDR.

Horn,Hans-Eberhard:
Freiflaechengestaltung im Komplex Leninallee,
Ho-Chi-Minh-Strasse. (dt.;Ref.engl.,franz.,russ.)
Archit.DDR 26(1977)Nr.11, S.656-659, Abb.

Auf die staedtebauliche Gestaltung des Neubaukomplexes
nahmen die Landschaftsarchitekten aktiven Einfluss.
Die Konzeption und Realisierung der Freiflaechenge=
staltung der drei Wohnkomplexe werden in diesem Be=
richt erlaeutert. Die Bewohner beteiligen sich mehr
und mehr an der Realisierung der Gruenanlagen. Ihre
Ideen fliessen ausserdem in neue Projekte ein. Einige
Kinderspielanlagen werden besonders ausfuehrlich dar=
gestellt. SI

IRB; Z 486
05/78-0392

-69-

STAEDTEBAU

INFRASTRUKTUR. Fussgaengerbereich. Fussgaenger=
strasse. Gestaltung. Entwicklung. Umgestaltung.
Einrichtung. DDR.

Andrae,Isolde:
Zur staedtebaulich-architektonischen Gestaltung der
Fussgaengerbereiche in Stadtzentren. (dt.)
Archit.DDR 26(1977)Nr.12, S.744-749, Abb.,Lit.

Hauptziel der staedtebaulich-architektonischen Ge=
staltung muss ein in sich geschlossenes, auf die
Erlebnisfaehigkeit des Fussgaengers bezogenes ganz=
heitlich gestaltetes Ensemble sein mit einem Milieu,
das den Charakter der Stadt unterstreicht und ihrer
Groesse und Funktion angemessen ist. Die einzelnen
Themenabschnitte des Artikels befassen sich mit der
stadttypischen Gestaltung, der Frage, wie abwechs=
lungsreiche Raumerlebnisse zu erzielen sind, mit der
harmonischen Umgestaltung der vorhandenen Bausubstanz
und zeigen Beispiele fuer die Gestaltung von Details,
wie Beleuchtung, Bodenbelag, Kioske und Wasserspiele.
SI

IRB; Z 486
05/78-0373

-70-

STAEDTEBAU

INFRASTRUKTUR. Fussgaengerbereich. Fussgaenger=
strasse. Planung. Gestaltung. Nutzung. Untersu=
chung. DDR.

Andrae,Klaus:
Planung und Gestaltung von Fussgaengerbereichen in
Stadtzentren. (dt.;Ref.engl.,franz.,russ.)
Archit.DDR 26(1977)Nr.12, S.736-738, Abb.

Im Oktober 1976 waren in der DDR 26 Fussgaengerbe=
reiche ausgebaut. In 18 weiteren Staedten wurde mit
dem Ausbau bereits begonnen. Etwa 100 Staedte beab=
sichtigen, die Umgestaltung ihrer Stadtzentren mit der
Einrichtung von Fussgaengerbereichen zu verbinden.
Im Rahmen einer Forschungsaufgabe wurden am Institut
fuer Staedtebau und Architektur Ergebnisse und Erfah=
rungen der Planung, Einrichtung, Gestaltung und Nut=
zung innerstaedtischer Fussgaengerbereiche zusammen=
gefasst. Dazu wurden in den Staedten Rostock, Wismar,
Halle, Zeitz, Soemmerda, Weimar, Gotha und Dresden
spezielle Untersuchungen durchgefuehrt. SI

IRB; Z 486
05/78-0375

-71-

STAEDTEBAU

INFRASTRUKTUR. Fussgaengerbereich. Fussgaenger=
strasse. Planung. Vorbereitungsunterlage. Oeffent=
lichkeitsarbeit. Baudurchfuehrung. Erfahrungsbe=
richt. DDR.

Lehmann,Rainer:
Planung und Realisierung von Fussgaengerbereichen.
(dt.)
Archit.DDR 26(1977)Nr.12, S.757-759, Abb.,Tab.

Die Untersuchungen ausgewaehlter Fussgaengerbereiche
behandeln die Leitung und Organisation des Umgestal=
tungsprozesses, die Erarbeitung von Vorbereitungs=
unterlagen, Moeglichkeiten der Rationellen Projektie=
rung sowie die Durchfuehrung des Bauprozesses, Fragen
der Oeffentlichkeitsarbeit und der territorialen Ra=
tionalisierung. Die Erfahrungen in acht untersuchten
Staedten dienten als Grundlage fuer diese Ausfuehrun=
gen. SI

IRB; Z 486
05/78-0369

-72-

STAEDTEBAU

INFRASTRUKTUR. VERKEHR. Fussgaengerbereich. Verkehrserschliessung. Versorgungsverkehr. Ruhender Verkehr. Oeffentlicher Personen=nahverkehr. DDR.

Guether,Harald:
Verkehrserschliessung von Fussgaengerbereichen in Stadtzentren. (dt.)
Archit.DDR 26(1977)Nr.12, S.753-756, Abb.,Tab.,Lit.

Der Autor befasst sich in diesem Artikel mit der An=bindung des oeffentlichen Personennahverkehrs an Fuss=gaengerbereiche, mit dem Problem des Versorgungsver=kehrs und des ruhenden Verkehrs. Der Bau von Umge=hungsstrassen schuf bei den bisher entstandenen Fuss=gaengerbereichen die Moeglichkeit, bestimmte staedte=baulich und architektonisch interessante Strassenzuege und Plaetze fuer den Fahrverkehr ganz oder teilweise zu sperren. Der Autor empfiehlt, auch den oeffent=lichen Personennahverkehr aus dem Fussgaengerbereich herauszunehmen, wobei Haltestellen nicht mehr als in spaeten Abendstunden und Morgenstunden vorzunehmen. Das Problem, dem ruhenden Verkehr genuegend Flaeche anbieten zu koennen, wird kuenftig immer schwieriger zu loesen sein. SI

IRB; Z 486
05/78-0371

-73-

STAEDTEBAU

VERKEHR. Verkehrslaerm. Laermschutz. Massnahme. Nachtfahrverbot. Parkraumangebot. Halle-Neustadt. DDR.

Hunger,Ditmar:
Nachtfahrverbot im Wohnbereich - Massnahme des Schallschutzes in Wohngebieten. (dt.)
Archit.DDR 26(1977)Nr.11, S.692-695, Abb.,Tab.,Lit.

Die gesetzlichen Forderungen des Landeskulturgesetzes der DDR verlangen eine laermschutzgerechte Planung. An einem Wohnkomplex in Halle-Neustadt wurden Laerm-Messungen durchgefuehrt. Auf Grund der ermittelten Messergebnisse wurde fuer das Untersuchungsgebiet ein Nachtfahrverbot eingefuehrt. Es konnten hierdurch wesentliche Verbesserungen der Laermsituation erreicht werden. Allerdings sind solche Massnahmen vom Angebot zusaetzlichen Parkraums ausserhalb der Schutzzonen bei vertretbarer Wegeentfernung abhaengig. SI

IRB; Z 486
05/78-0384

-74-

STAEDTEBAU

VERSORGUNG. VERKEHR. Erschliessung. Vorbereitungs=
arbeit. Investitionsvorbereitung. Ingenieurgeo=
logie. Leitungsbestand. Koordinierung. Baudurch=
fuehrung. Erfurt. DDR.

Roscher,Harald:
Vorbereitung der technischen Versorgung und
Verkehrserschliessung des Planungsgebietes
Erfurt-Suedost. (dt.)
Archit.DDR 26(1977)Nr.11, S.690-691, Abb.,Lit.

Einen Schwerpunkt aller zur Vorbereitung neuer Woh=
nungsbaustandorte notwendigen Arbeiten bilden die Vor=
bereitungsarbeiten zur stadttechnischen und verkehr=
lichen Anbindung und Erschliessung. In diesem Ab=
schnitt der Investitionsvorbereitung liegen die
groessten Reserven zur Erzielung einer wirtschaft=
lichen Gesamtloesung. Folgende Teilbereiche werden be=
handelt: Analyse des Leitungsbestandes, Auswertung der
ingenieurgeologischen Unterlagen fuer den Tiefbau,
Technische Versorgung, Verkehrserschliessung, Koordi=
nierung der Erschliessungsstrassen, Baudurchfuehrung
und Variantenvergleich ueber den Baubeginn in den
Teilgebieten. SI

IRB; Z 486
05/78-0385

-75-

ARCHITEKTUR

WOHNGEBAEUDE. Neubau. Modernisierung. Abbruch.
Freilichtbuehne. Strasse. Frankfurt/Oder. DDR.

Vogler,Manfred:
Wohngebiet "Halbe Stadt" in Frankfurt/Oder. (dt.)
Archit.DDR 27(1978)Nr.5, S.265-270, Abb.,Grundr.,
Modelldarst.

Das Wohngebiet "Halbe Stadt" stellt keinen geschlos=
senen Wohnkomplex dar, sondern ist dem Stadtzentrum
zugeordnet. Es besitzt jetzt ueber 2000 neue Woh=
nungen, 266 Wohnungen wurden abgebrochen und 380 Woh=
nungen modernisiert. Um- bzw. ausgebaut wurden mehrere
Gebaeude fuer gesellschaftliche Einrichtungen, die
Freilichtbuehne und der Linaupark neu gestaltet und
die Rosa-Luxemburg-Strasse als Hauptverkehrsstrasse
der Stadt verbreitert. ub

IRB; Z 486
07/78-0671

-76-

STAEDTEBAU

ALLGEMEIN. Stadtplanung. Staedtebau. Ideenwettbe=
werb. Stadtkern. Bausubstanz. Denkmalschutz. Han=
del. Gewerbe. Industrie. Verkehr. Beispiel. Bad
Langensalza. Thueringen. DDR.

Hoffmann,Reiner:
Staedtebaulicher Ideenwettbewerb zur Umgestaltung des
Innenstadtbereichs von Bad Langensalza/Thueringen.
(dt.)
Archit.DDR 27(1978)Nr.7, S.401-407, Abb.

Bad Langensalza ist Schwefelkurbadeort und Kreis=
stadt mit ca. 17000 Einwohnern, Produktions- Gewerbe-
und Handelsbetrieben. Die vorliegenden 5 Wettbewerbs=
arbeiten zeigen verschiedene vertretbare Loesungsmoeg=
lichkeiten fuer die staedtebauliche Erneuerung. Es war
die Aufgabe gestellt, den Stadtkern mit Alt- und Ur=
altsubstanz in seiner historischen, staedtebaulich-ar=
chitektonischen Wertigkeit zu erhalten und aufzuwer=
ten. Angrenzende Gebiete waren im Zusammenhang mit
Verkehrsflaechen einzubeziehen. Die Protokolle der
Jury zeigen, wie die Aufgaben im einzelnen geloest
wurden. kb

IRB; Z 486
09/78-1866

-77-

RAUMSTRUKTUR

STADTREGION. ZENTRALITAET. Urbanitaet. Merkmal.
Lebensweise. Lebensform. Heimat. Gesellschafts=
ordnung. Kommunikation. Kultur. Stadtplanung. DDR.

Roehr,Friedemann; Roehr,Lieselotte:
Urbanisierung und urbane Lebensweise. (dt.)
Archit.DDR 27(1978)Nr.7, S.438-442, Abb.,Lit.

ohne Referat
IRB; Z 468
09/78-1945

-78-

STADTPLANUNG/STAEDTEBAU

BEBAUUNGSPLANUNG. WOHNEN. Umweltschutz. DDR.

Schmidt-Renner,Gerhard:
Umweltschutz und Stadtplanung. (dt.;Ref.engl.,russ.)
Petermanns geogr.Mitt. 121(1977)Nr.4, S.241-245, Lit.

ohne Referat
IRB; Z 926
09/78-1494

-79-

UMWELTPFLEGE

GEWERBELAERM. EMISSION. Immissionsschutz. Stadt=planung. Flaechennutzungsplan. Industriebau. Grenz=wert. Schutzzone. Standortentscheidung. DDR.

Neuhofer,Richard; Koester,Hans:
Zur Beachtung des Umweltfaktors Laerm in der Staedtebau-, Industriebau- und Territorialplanung. (dt.)
Archit.DDR 27(1978)Nr.7, S.443-445, Abb.,Lit.

Der moderne Staedtebau kommt nicht umhin, die techni=schen Moeglichkeiten der Laermbekaempfung verstaerkt anzuwenden. Es wird die Festlegung von Emissionsgrenz=werten vorgeschlagen und Schutzzonen in Mischgebieten und an Hochleistungsstrassen. Auf der Grundlage ge=sammelter Daten sind laermschutzgerechte Flaechen=nutzungsplaene fuer Standortentscheidungen heranzu=ziehen. Hierfuer ist der Einsatz von EDV-Anlagen und Datenbanken unerlaesslich. kb
IRB; Z 486
09/78-1948

-80-

WISSENSCHAFT/GRUNDLAGEN
ALLGEMEIN. PLANUNGSTHEORIE. Staedtebauwissenschaft. Architektur. Gesellschaft. Umwelt. Grundlage. Ge=schichte. Sozialismus. DDR.

Doehler,Peter:
Studie zur Staedtebauwissenschaft. (dt.)
Archit.DDR 27(1978)Nr.7, S.433-437, Lit.

Die Notwendigkeit, den Komplex Staedtebau wissen=schaftlich zu durchdringen, hat zu einer eigenstaen=digen Disziplin Staedtebauwissenschaft gefuehrt. Zahl=reiche Wissenschaftsgebiete muenden in die noch junge Disziplin ein. Aufgabe dieser Wissenschaft ist es, eine eigene Methodik und Terminologie zur Erforschung der vielschichtigen Zusammenhaenge und Gesetzmaessig=keiten zu entwickeln. Die Kenntnis historischer Ent=wicklungen ist dazu unerlaesslich. Grundlagen und Systematisierung werden aus der Sicht gesellschafts=politischer Zusammenhaenge in der DDR dargestellt. kb
IRB; Z 486
09/78-1944

-81-

ARCHITEKTUR
HANDELSGEBAEUDE. SPORTANLAGE/FREIZEITANLAGE. Einkaufszentrum. Freizeitzentrum. Stadtgestaltung. Cottbus. DDR.

Guder,Gerhard:
Einkaufs- und Freizeitzentrum in Cottbus. (dt.;Ref. engl.,franz.,russ.)
Archit.DDR (1978)Nr.8, S.470-476, Abb.

Grundidee der staedtebaulich-architektonischen Loesung des 1. Bauabschnittes des Stadtzentrums von Cottbus bestand in der engen Verbindung von Altem und Neuem, von historischer Bausubstanz mit Wohn- und Gesell=schaftsbauten unserer Zeit. Im einzelnen werden die gestalterischen Absichten, die Tragkonstruktionen, die in der Anlage eingebaute Galerie, die Teestube, Glas- und Keramikladen, die Diskothek mit Bowling=zentrum, der Schallplatten- und Musikladen, das Schmuck- und Uhrengeschaeft, die Mokkastube, das Ge=schaeft fuer Textilien sowie der Zeitungskiosk naeher beschrieben und anhand von Grundrissen und Fotografien dargestellt. mr
IRB; Z 486
11/78-1050

-82-

STAEDTEBAU

VERSORGUNG. Analyse. Neubaugebiet. Wohngebiet. Netzfuehrung. Aufwand. Bebauungsplanung. Planungs= ablauf. Wasser. Gas. Waerme. Elektrizitaet. DDR.

Roscher,Harald:
Untersuchungen zur Planung der stadttechnischen Erschliessung von Wohngebieten. (dt.)
Wiss.Z.Hochsch.Archit.u.Bauw., Weimar 24(1977)Nr.4/5, S.323-331, Tab.,Lit.

Analyse der stadttechnischen Erschliessung (Ver- und Entsorgung mit Wasser, Gas, Elektrizitaet, Fernwaerme) von 22 neuerbauten Wohngebieten in der DDR. Verglichen werden die Merkmale: Verlegungsart, Netzfuehrung, Netzlaenge, Nennweite etc. Diese ingenieurtechnischen Merkmale werden mit staedtebaulichen Merkmalen wie Bewohnerzahl und -dichte, Bebauungsart etc. korreliert. Es werden Vorschlaege zur fruehzeitigen Beruecksichtigung stadttechnischer Gesichtspunkte bei der staedtebaulichen Planung gemacht. ww

IRB; Z 447
11/78-0201

-83-

STAEDTEBAU

GESTALTUNG. VERKEHR. Stadtteilplanung. Wettbewerb. Standort. Wohngebiet. Verkehrsnetz. S-Bahn.

Siegel,Horst:
Zur staedtebaulichen Planung des Wohngebietes Leipzig-Gruenau. (dt.)
Wiss.Z.Tech.Univ.Dres. 27(1978)Nr.3/4, S.799-809, Abb.,Tab.

In Leipzig-Gruenau wird ein Wohngebiet geplant, in dem bis 1990 etwa 100000 Einwohner eine Wohnmoeg= lichkeit finden werden. Nach umfangreicher Varianten= untersuchungen wurde der Standort ausgewaehlt. Die endgueltige Gesamtkonzeption entstand in Auswertung eines DDR-offenen staedtebaulichen Ideenwettbewerbes. Die einzelnen Funktionsbereiche des staedtebaulichen Entwurfs sind nach der oertlichen Gegebenheiten pas= send logisch zueinander geordnet. Die S-Bahntrasse, die sich in der Schwerachse befindet, praegt die Grundstruktur des Wohngebietes. -y-

IRB; Z 776
12/78-1447

-84-

STADTPLANUNG/STAEDTEBAU

VERKEHR. BEBAUUNGSPLANUNG. Stadtverkehr. Verkehrs=
planung. Staedtebaupolitik. Verkehrspolitik. DDR.

Generalverkehrsplanung und ihre Wechselbeziehung zum
sozialistischen Staedtebau. 3. Symposium Stadtverkehr
des ZFIV u. der KDT. (dt.)
Hrsg.: Zentrales Forschungsinstitut des Verkehrswesens
der Deutschen Demokratischen Republik, Berlin/Ost.
Berlin/Ost 1977. ca.250 S., Abb.,Tab.
= report.Schriftenr.d.Zentralen Forschungsinst.d.Ver=
kehrswes.d. DDR. Jg.4, H.11.
Veranst.: Zentrales Forschungsinstitut des
Verkehrswesens der Deutschen Demokratischen Republik,
Berlin/Ost; Kammer der Technik, Berlin/Ost.

ohne Referat
BfLR; A6450
01/79-0841

-85-

ARCHITEKTUR

WOHNGEBAEUDE. Aufgabenstellung. Planungsentwick=
lung. Gemeinschaftseinrichtung. Gebaeudekonstruk=
tion. Vorfertigung. Bauausfuehrung.
Magdeburg-Olvenstedt. DDR.

Herholdt,G.:
Wissenschaftliche Zielstellungen und Inhalt der
endgueltigen Aufgabenstellung fuer die Projektierung
des Experimentalwohnkomplexes in Magdeburg. (dt.)
Archit.DDR 27(1978)Nr.10, S.581-586, Abb.

Es ist die Aufgabe gestellt, einen Wohnkomplex vorzu=
bereiten, der fuer den Wohnungsbau der DDR, Standort
Magdeburg und der UdSSR, Standort Gorki, ab Mitte der
80-iger Jahre Vorbild sein soll. Es wird ueber die
staedtebaulich-architektonische Aufgabe bei der Bebau=
ungskonzeption des Wohnkomplexes Magdeburg, die funk=
tionelle und architektonische Entwicklung der Woh=
nungen und Wohngebaeude, die gesellschaftlichen Ein=
richtungen sowie die Gebaeudekonstruktionen, die Vor=
fertigung und Bauausfuehrung berichtet. mr
IRB; Z 486
02/79-0134

-86-

STADTPLANUNG/STAEDTEBAU

STADTTEILPLANUNG. WOHNEN. FREIFLAECHENPLANUNG. Standortwahl. Raumgliederung. Mehrfamilienhaus. Magdeburg. DDR.

Kirsch,Hanspeter:
Wohngebiet "Neustaedter See" in Magdeburg. (dt.;Ref. engl.,franz.,russ.)
Archit.DDR (1978)Nr.8, S.464-469, Abb.

Das Wohngebiet "Neustaedter See" ist das derzeit groesste Bauvorhaben im Bezirk Magdeburg, in dem rund werden. Im einzelnen wird die Standortwahl, die Ein=ordnung in die Stadtkomposition, die staedtebaulich-raeumliche Gliederung sowie die Freiflaechen und bild=kuenstlerische Gestaltung beschrieben und anhand von Plaenen und Fotografien naeher erlaeutert. mr
IRB; Z 486
11/78-1053

-87-

BAUPOLITIK

GEBAEUDE. SANIERUNG. WOHNUNG. Wohnungspolitik. Staedtebaupolitik. Wohnungsneubau. Altbaumoderni=sierung. DDR.

Schulz-Trieglaff,Michael:
Wohnungs- und Staedtebau in der DDR - Eindruecke auf einer Studienreise. (dt.)
Architekt (1978)Nr.11, S.521-522, Abb.

Wegen der unterschiedlich gelagerten Probleme im Wohnungsneubau wird es kaum eine Zusammenarbeit geben. In der DDR steht auch in den kommenden Jahren die Deckung eines Wohnungsgrundbedarfs im Vorder=grund. Eine Zusammenarbeit ist jedoch vorstellbar im Bereich der Denkmalpflege, der Stadtsanierung und der Modernisierung. Ueber die Wohnungsversorgung und Schwerpunkte der Wohnungs- und Staedtebaupolitik sowie den Wohnungsneubau in neuen Stadtvierteln wird berichtet. mr
IRB; Z 355
04/79-1153

-88-

STAEDTEBAU

BAULEITPLANUNG. GESTALTUNG. Wohngebiet. Ideen=
wettbewerb. Neubrandenburg. DDR.

Grund,Iris; Benedix,Claus:
Staedtebaulicher Wettbewerb fuer das Wohngebiet Broda
in Neubrandenburg. (dt.)
Archit.DDR 27(1978)Nr.11, S.692-695, Abb.

ohne Referat
IRB; Z 486
03/79-0238

-89-

STAEDTEBAU

BAULEITPLANUNG. SANIERUNG. GESTALTUNG. Erschlie=
ssung. Umgestaltung. Altbaugebiet. Wohngebiet.
Leipzig. DDR.

Siegel,Horst:
Zur Umgestaltung innerstaedtischer Altbaugebiete in
der Stadt Leipzig. (dt.)
Bauztg. 32(1978)Nr.12, S.647-650, Abb.,Lit.

Die Wohnungsfrage als soziales Problem kann bis 1990
nur geloest werden, wenn die Altbaugebiete in Etappen
umgestaltet und die Lebensbedingungen der Buerger dort
verbessert werden. Es wird die Ausgangssituation in
der Stadt Leipzig mit der Aufgabenstellung in ihren
Umgestaltungsgebieten behandelt. Neben der Umgestal=
tung der Ostvorstadt in Leipzig werden Schwerpunkte
der produktiven Bereiche und der technischen Er=
schliessung beruehrt. Zur Komposition des Stadtbildes
und zu bauleitplanerischen Fragen werden Angaben ge=
macht.
mr

IRB; Z 381
05/79-1369

-90-

ARCHITEKTUR

WOHNGEBAEUDE. Entwicklung. Gestaltung. Beispiel. DDR.

Tauscher,Kurt:
Erfahrungen der Bezirksgruppe Rostock des BdA/DDR bei
der Entwicklung von Staedtebau und Architektur. (dt.)
Archit.DDR 28(1979)Nr.1, S.9-13, Abb.

ohne Referat
IRB; Z 486
06/79-0869

-91-

STAEDTEBAU

ERNEUERUNG. GESTALTUNG. SANIERUNG. VERKEHR. Stadt=
kern. Rekonstruktion. Baudenkmal. Fussgaenger=
bereich. DDR.

Mueller,Hans:
Erhaltung historisch baukuenstlerisch wertvoller
Stadtkerne. (dt.)
Archit.DDR 28(1979)Nr.2, S.68-69, Abb.

ohne Referat
IRB; Z 486
07/79-1757

-92-

STAEDTEBAU

ERNEUERUNG. GESTALTUNG. Stadtzentrum. Fussgaenger=
bereich. Beispiel. Schwerin. DDR.

Hajny,Peter:
Zur Umgestaltung des Schweriner Stadtzentrums. (dt.;
Ref.engl.,franz.,russ.)
Archit.DDR 28(1979)Nr.2, S.84-89, Abb.

Ein wichtiger Bestandteil dieser staedtebaulichen Um=
gestaltungsmassnahmen ist die Gestaltung von Fuss=
gaengerbereichen. Mit geringen baulichen Massnahmen
wird die historisch gewachsende Struktur des Zentrums
erhalten und das typische Gepraege dieses Bereichs
aufgewertet. Besonders ausfuehrlich wird die Umgestal=
tung der Hermann-Matern-Strasse (Strassenoberflaeche,
Farbgebung, Strassenmoeblierung, Werbung) als Haupt=
einkaufsstrasse und eine der wichtigsten Fussgaenger=
achsen beschrieben. -y-
IRB; Z 486
07/79-1759

-93-

STAEDTEBAU

GESTALTUNG. Wohnkomplex. Planungsbedingung. Auf=
gabenloesung. Berlin. DDR.

Strassenmeier,Werner; Wernitz,Guenther:
Wohnkomplex Leipziger Strasse in Berlin. (dt.)
Archit.DDR 28(1979)Nr.1, S.17-20, Abb.,Tab.

Den Bauarbeiten gingen umfangreiche konzeptionelle
Arbeiten zur staedtebaulich-architektonischen Loesung
und ihrer bautechnischen Realisierung voraus. Es wird
ueber die Zielstellung, das Programm, die Planungs-
und Realisierungsbedingungen, die staedtebau=
lich-raeumliche Gestaltung, die staedtebaulich-funk=
tionelle und architektonisch-gestalterische Loesung
berichtet.
mr

IRB; Z 486
06/79-0868

-94-

STRASSENBAU

TRASSIERUNG. Wohngebiet. Hanglage. Erschliessung.
Flaechenbedarf. Anliegerstrasse. Wohnweg. Parken.
Querschnittsgestaltung. DDR.

Hausdoerfer,G.:
Verkehrserschliessung von Neubauwohngebieten in
Hanglagen. (dt.)
Strasse 19(1979)Nr.1, S.14-18, Abb.,Tab.,Lit.

Die Erschliessung von Hanglagen durch Anliegerstrassen
oder befahrbare Wohnwege auf der Grundlage der be=
stehenden DDR-Richtlinien fuehrt zu unbefriedigenden
Ergebnissen. Aus Erfahrungen im Bezirk Suhl wird vor=
geschlagen, zur Gebaeudeerschliessung nur befahrbare
Wohnwege von 4,5 m Breite und Parkverbot vorzusehen.
sf

IRB; Z 272
07/79-1373

-95-

STADTPLANUNG/STAEDTEBAU

FREIFLAECHENPLANUNG. Landschaftsentwicklung. Gruen=
planung. Freiflaechengestaltung. Beispiel. Rostock.
Rostock. DDR.

Lasch,Rudolf:
Probleme der Landschaftsentwicklung am Beispiel der
Stadt Rostock. Referat zum Seminar der Zentralen
Fachgruppe des Bundes der Architekten der DDR
"Landschaftsarchitektur" am 14. und 15. September 1978
in Rostock. (dt.)
Archit.DDR 28(1979)Nr.2, S.113-115, Abb.

ohne Referat
IRB; Z 486
07/79-1764

-96-

STADTPLANUNG/STAEDTEBAU

STADTGESTALTUNG. Stadtentwicklung(historisch).
Altstadt. Siedlungskern. Strassenfuehrung.
Baugeschichte. Rostock. DDR.

Baier,Gerd:
Rostock. (dt.)
Bauwelt 70(1979)Nr.14, S.562-564, Abb.,Lit.
Auszuege aus "Ergebnisse der Generalbebauungs=
planung der Stadt Rostock", Architektur/DDR, 1976,
Nr.10.

ohne Referat
IRB; Z 36
08/79-0264

-97-

STADTPLANUNG/STAEDTEBAU

STADTGESTALTUNG. Stadtentwicklung(historisch).
Stadtgrundriss. Altstadt. Neustadt. Stadtsilhuette.
Bausubstanz. Baugeschichte. Stralsund. DDR.

Kraft,Ingo:
Stralsund. (dt.)
Bauwelt 70(1979)Nr.14, S.572-574, Abb.,Lit.
Aus "Denkmale in Mecklenburg",
Boehlaus Nachf., Weimar.

ohne Referat
IRB; Z 36
08/79-0267

-98-

STADTPLANUNG/STAEDTEBAU

STADTGESTALTUNG. Stadtentwicklung(historisch). Stadtgrundriss. Marktbebauung. Bausubstanz. Stadt=erweiterung. Baugeschichte. Greifswald. DDR.

Kraft,Ingo:
Greifswald. (dt.)
Bauwelt 70(1979)Nr.14, S.565-566,571, Abb.,Lit.
Aus "Denkmale in Mecklenburg",
Boehlaus Nachf., Weimar.

ohne Referat
IRB; Z 36
08/79-0266

-99-

STADTPLANUNG/STAEDTEBAU

WOHNEN. PLANUNGSORGANISATION. BEBAUUNGSPLANUNG. CAD(Computer Aided Design). Plotter. Informationsaufbereitung. Wohnungsneubau. Moderni=sierung. Schreibwerkdruck. Lichtsatz. Zeichenauto=mat. Kosteneinsparung. EDV. IBM. ES. DDR.

Spiegel,Rudolf:
Automatisierte graphische Informationsaufbereitung in der staedtebaulichen Planung. (dt.)
Bauinform.Wissensch.u.Tech. 21(1978)Nr.5, S.5-9, Abb.

Aufgrund der Umgestaltungsbedingungen in den Staedten, der Standortermittlung fuer den Wohnungsneubau, der Modernisierungsmassnahmen der vorhandenen Wohnsub=stanz, sind grosse Datenmengen aufzubereiten. Diese Aufbereitung wurde durch den Einsatz der EDV wesent=lich rationalisiert. Die Speicherung ausgewaehlter Daten fuer die staedtebauliche Planung in einem zen=tralen Datenspeicher sichert einen schnellen Zugriff zu den Primaerdaten. Da in der Aufbereitung der Infor=mationen und der graphischen Interpretation viel Rou=tinearbeit enthalten ist, wurde diese automatisiert. Diese Aufbereitung laesst sich in drei technologische Komplexe zusammenfassen: Schreibwerkdruck, Lichtsatz und Zeichenautomat. Informationen hierueber, mit Anga=ben ueber Anwendung, Nutzen und Angebot. fw
IRB; Z 1266
08/79-1829

-100-

STADTPLANUNG/STAEDTEBAU

BEBAUUNGSPLANUNG. INDUSTRIE. STANDORTPLANUNG. Generalbebauungsplanung. Chemiebetrieb. Plan=aufgabe. Neuordnung(territorial). Rahmenbedingung. Industriegebietsflaeche. Loesungsbeispiel. DDR.

Ehrhardt,Hugo:
Die Aufgaben der Generalbebauungsplanung in vorhandenen Grossbetrieben der chemischen Industrie. (dt.)
Archit.DDR 28(1979)Nr.5, S.312-316, Abb.,Tab.

Aufgabe der Generalbebauungsplanung ist die Analyse des Ist-Zustandes der territorialen Entwicklung von Grossbetrieben der chemischen Industrie, die Ermitt=lung der Rahmenbedingungen fuer die territoriale Ent=wicklung und die Ermittlung der Standorte fuer die geplanten Reproduktionsmassnahmen. Beschrieben werden Entwicklungsprobleme vorhandener Grossbetriebe der chemischen Industrie und Loesungen zur Gliederung und territorialen Neuordnung von Industriegebiets=flaechen. za

IRB; Z 486
11/79-0616

-101-

STADTPLANUNG/STAEDTEBAU

BEBAUUNGSPLANUNG. STADTENTWICKLUNGSPLANUNG. STADTGESTALTUNG. Planungsgrundsatz. Stadtteil=planung. Wohngebiet. Neubaugebiet. Gliederung. Gestaltung. Gruenplanung. Einordnung. DDR.

Pfau,Wilfried:
Zur Beruecksichtigung gesamtstaedtischer Beziehungen und oertlicher Gegebenheiten bei der Gliederung und Gestaltung neuer Wohngebiete. (dt.;Ref.engl.,franz., russ.)
Archit.DDR 28(1979)Nr.5, S.284-291, Abb.

Beruecksichtigung gesamtstaedtischer Stadtentwick=lungsmassnahmen, Aufnahme der historisch gewachsenen Hauptbewegungsrichtungen der Stadt, erlebbare Ein=ordnung gesellschaftlicher Zentren, Einbeziehung des vorhandenen Grossgruens und des natuerlichen Gelaen=des, Angleicheung von Neubauten an vorhandene Be=bauungen. Der Autor erlaeutert staedtebauliche Grund=saetze der Stadtentwicklungsplanung in der DDR. za

IRB; Z 486
11/79-0618

-102-

STADTPLANUNG/STAEDTEBAU

BESTANDSAUFNAHME. Baugeschichte.
Siedlungsgeschichte. Stadtgeschichte. Kamenz. DDR.

Reif,Werner:
Zur baugeschichtlichen Entwicklung der Stadt Kamenz. (dt.)
Hrsg.: Kamenz.
o.O.: Selbstverlag 1976. 103 S., Abb.
Kamenzer Heimathefte.

Die Arbeit dokumentiert die baugeschichtliche Entwicklung der Stadt Kamenz von der Fruehsiedlung bis zum vom Sozialismus gepraegten Bauschaffen seit 1949. lo/difu

DIFUB

SEBI; 79/2745
DI/80-1717

-103-

STADTPLANUNG/STAEDTEBAU

STADTTEILPLANUNG. Stadtgestaltung. Stadtbauhygiene.
Methode. Richtwert. Deutsche Demokratische Republik.

Staedtebau, Grundsaetze, Methoden, Beispiele, Richtwerte. (dt.)
Hrsg.: Bauakademie der DDR, Institut fuer Staedtebau und Architektur.
Berlin/Ost: Selbstverlag 1979. 493 S., Kt.,Abb.,Tab., Lit.,Reg.
Projektlt.: Lammert,Ule.

Die Bauakademie der DDR gibt in diesem Buch eine umfassende Darstellung aller Erkenntnisse und Leitsaetze fuer die Planung und Gestaltung von Staedten in der DDR. Beruecksichtigt werden dabei Fragen der politischen und rechtlichen Grundlagen des Staedtebaus, der Stadtgestaltung der Planung von Teilgebieten, Bauten, technischer und sozialer Einrichtungen der Stadtbauhygiene und Denkmalpflege. Fuer diese Gebiete werden Kennziffern und Richtwerte zusammenge- stellt. In zahlreichen Karten, Zeichnungen und Fotografien werden fuer die Zeit seit Gruendung der DDR, ausnahmslos positive, Beispiele fuer Massnahmen und Planungen im Bereich des Staedtebaus gegeben. Ein umfangreiches Schlagwortverzeichnis verweist auf einzelne Sachgebiete und Fragestellungen im Text. mst/difu

DIFUB

SEBI; 80/4851-4; IRB; 65Staedt
DI/80-2248

-104-

STADTPLANUNG/STAEDTEBAU

BEBAUUNGSPLANUNG. STADTTEILPLANUNG. BESTANDSAUF=
NAHME. Altbauerneuerung. Wohngebaeude. Baugeschich=
te. Potsdam. DDR.

Schreiner,Dietrich:
Aufbau der Wilhelm-Kuelz-Strasse in Potsdam. Neubau
mit Erhaltung verbunden. (dt.;Ref.engl.,franz.,russ.)
Archit.DDR 30(1981)Nr.3, S.158-165, Abb.,Lagepl.

Bestandsaufnahme der baulichen Situation zwischen
Marstall und Neustaedter Tor. Neben dem Geschosswoh=
nungsbau werden auch Massnahmen zur Erhaltung oder
Wiederherstellung historischer Objekte erwaehnt. Mit
einer Planskizze des suedlichen Stadtgebietes in der
Situation von heute und um das Jahr 1780. G
IRB; Z 486
08/81-3101

-105-

STAEDTEBAU

GESTALTUNG. Laendliche Siedlung. Ortsbild. Gestal=
tungskonzept. Entwicklung. Arbeitsablauf. Erfah=
rungsbericht. Suhl. DDR.

Lenz,Roland:
Erfahrungen im Bezirk Suhl bei der Arbeit mit den
Ortsgestaltungskonzeptionen. (dt.;Ref.engl.,franz.,
russ.)
Archit.DDR 30(1981)Nr.1, S.41-43, Abb.

Allgemeiner Beitrag ueber Ziele und Inhalte der Orts=
gestaltungskonzeption im Bezirk Suhl. Die in zwei Pha=
sen ablaufenden Gestaltungsmassnahmen versuchen in
Form eines Leitfadens allgemein verstaendliche Schwer=
punkte fuer die planmaessige Entwicklung der Ortsbil=
der aufzuzeigen. Die im Beitrag beschriebene erste
Phase wurde nicht nur als staedtebaulich-planerische
Aufgabe angesehen, sondern als gesamtgesellschaftliche
Aufgabe betrachtet. mz
IRB; Z 486
08/81-3470

-106-

SIEDLUNGSSTRUKTUR

VERDICHTUNGSRAUM. VERFLECHTUNGSBEREICH. INDUSTRIE. LANDWIRTSCHAFT. Landschaft. Wohnen. Kultur. Erho= lung. Bausubstanz. Entwicklung. Nutzung. Verkehr. Staedtebau. Architektur. Halle. DDR.

Zaglmaier,Harald:
Zur Grundlinie der staedtebaulich-architektonischen Entwicklung im Bezirk Halle. (dt.)
Archit.DDR (1979)Nr.7, S.393-396, Abb.,Lit.

Mit einem Anteil von ueber 15 Prozent an der industri= ellen Produktion ist der Bezirk Halle der bedeutenste Industriebezirk der DDR. Das vielgestaltige Erschei= nungsbild der Landschaft wird durch eine Vielzahl kul= turhistorisch bedeutsamer Staedte, Burgen und Baudenk= maeler einerseits, und durch dominierende Industrie= anlagen, landwirtschaftlich genutzte Flaechen und An= lagen des Braunkohlenbergbaus gepraegt. Der Beitrag beschaeftigt sich mit den Planungsanforderungen an die Region, unter besonderer Beruecksichtigung der Erholungsgebiete. kb

IRB; 486
03/80-0193

-107-

STADTERNEUERUNG

WETTBEWERB. STADTGESTALTUNG. Stadtteilplanung. Woh= nung. Verkehr. Handel. Kultur. Verwaltung. Gastro= nomie. Freizeit. Freiflaeche. Freiraum. Gestaltung. Problemloesung. Berlin. DDR.

Wettbewerb Berlin-Marzahn. Studien fuer den gesellschaftlichen Hauptbereich. (dt.;Ref.engl., franz.,russ.)
Archit.DDR (1979)Nr.6, S.334-345, Abb.

Mit dem Ziel, einen Beitrag zur Gestaltung neuer Wohn= gebiete in Verbindung mit gesellschaftlichen Bereichen zu leisten, wurde der Wettbewerb ausgeschrieben. Die mit Preisen ausgezeichneten Arbeiten werden vorge= stellt und hinsichtlich Funktion, Gestaltung, Kon= struktion, Bautechnologie und Wirtschaftlichkeit ge= wertet. Bei der Einordnung spielen staedtebauliche, systemtypische und landschaftsbezogene Komponenten eine Rolle. Die Bedeutung und der Umfang der Bauaufga= be wird aus den Grundrissen, Schnitten, perspektivi= schen Darstellungen und Modellfotos sichtbar. kb

IRB; Z 486
03/80-0174

-108-

STADTPLANUNG/STAEDTEBAU

BEBAUUNGSPLANUNG. VERKEHR. Anliegerverkehr. Wohnge=
biet. Erschliessung. Laermschutz. Wohnweg(befahr=
bar). Planungshinweis. DDR.

Arlt,Guenther; Fuerst,Peter:
Laermschutzgerechte Planung befahrbarer Wohnwege.
(dt.)
Strasse 19(1979)Nr.2, S.50-51, Abb.,Tab.,Lit.

Fuer die Anwendung des befahrbaren Wohnweges in der
DDR wird aus Laermschutzgruenden gefordert: Geschwin=
digkeitsbegrenzung auf 30 km/h, Freigabe nur fuer Ver=
sorgungsfahrten, kein Anschluss von Parkmoeglich=
keiten, Parkverbot, Abstand zur Fassade 5,5 m. Empfoh=
len wird die Begrenzung der Wohnwegerschliessung auf
die Nachtzeit. sf
IRB; Z 272
03/80-0681

-109-

STADTPLANUNG/STAEDTEBAU

BEBAUUNGSPLANUNG. VERKEHR. Wohngebiet. Laerm=
schutz. Berechnung. Faustwert. Abstandsrichtwert.
Mindestabstand. DDR.

Schrammek,Rochus:
Laermschutz-Faustwerte fuer die Verkehrsplanung von
Wohngebieten. (dt.)
Strasse 19(1979)Nr.2, S.40-43, Abb.,Lit.

Es werden Mindestabstaende von Wohngebaeuden gegen=
ueber verschiedenen Verkehrsanlagen angegeben, wobei
ein Mindestabstand M die Ueberschreitung des maximalen
Schalldruckpegels verhindern soll, ein Mindestabstand
Q die Einhaltung der Laermhoechstwerte bei geschlos=
senem Verbundfenster gewaehrleistet. Planungsbeispie=
le sind beigegeben. sf
IRB; Z 272
03/80-0814

-110-

STADTPLANUNG/STAEDTEBAU
BUERGERBETEILIGUNG. Partizipation.
Kommunikation. Stadtgestaltung. DDR.

Staufenbiel,Fred:
Zur notwendigen Mitwirkung zukuenftiger Nutzer, Bewohner, an der Planung von kulturellen Prozessen der Stadtgestaltung. (dt.)
Wiss.Z.Hochsch.Archit.u.Bauw., Weimar 25(1978)Nr.5/6, S.423-426, Lit.
Aufgrund eines Vortrages "Stadtbild - Stadtgestaltung und Funktion der bildenden Kunst",
Gera 14.-18.11.1977.

Kulturelle Prozesse nehmen immer in der Beschaffenheit der gebauten-raeumlichen Umwelt Gestalt an und reali= sieren sich auch im Erleben der Nutzer dieser Umwelt. Um den sozialen Charakter der architektonisch gestal= teten Umwelt staerker auf die Entwicklung sozialisti= scher Lebensweise zu orientieren, ist die Mitwirkung von zukuenftigen Nutzern sowohl an der Zweckbestimmung der Resultate als auch an Planungsentscheidungen not= wendig. Dafuer die entsprechenden Kommunikations= formen zu schaffen, gehoert mit zu den politischen Voraussetzungen sozialistischen Architekturschaffens.
-z-

IRB; Z 447
03/80-0085

-111-

STADTPLANUNG/STAEDTEBAU

STADTENTWICKLUNGSPLANUNG. Wohnen. Industrie. Frei=
flaechenplanung. Konzeption. Stadtstruktur. Topo=
graphie. Gliederung. Generalbebauungsplan. Rekon=
struktion. Stadtzentrum. Halle an der Saale. DDR.

Kroeber,Gerhard:
Halle/Saale - eine moderne Industriestadt mit reicher
Tradition. Die staedtebauliche Konzeption fuer die
Entwicklung der Stadt Halle. (dt.)
Archit.DDR (1979)Nr.7, S.408-411, Abb.

Die Stadtstruktur zeigt eine klare Zuordnung der
Schwerpunkte des Wohnens und des Arbeitens, die guen=
stig zueinander liegen und damit gute Voraussetzungen
fuer die weitere Entwicklung bieten. Das Stadtgebiet
weist eine vielgestaltige Topographie auf, die vor
allem durch Steilufer, Flussbett und Talauen der Saale
bestimmt wird. Auf zwei natuerlichen Achsen ist die
Gesamtkonzeption fuer die Herausbildung einer Stadtge=
stalt geplant, bei der die Lage der Zentren sich mit
den Gegebenheiten der Topographie und der Landschaft
vereint. kb

IRB; Z 486
03/80-0204

-112-

WISSENSCHAFT/GRUNDLAGEN

DOKUMENTATION. Staedtebau. Architektur.
Sozialismus. Materialismus. Forschungsarbeit.
Bibliographie. Stadtplanung. DDR.

Forschungsarbeiten auf dem Gebiet Staedtebau und
Architektur 1977 - 1978. Annotierte Titelliste. (dt.)
Hrsg.: Bauakademie der DDR, Institut fuer Staedtebau
und Architektur, Berlin.
Berlin/DDR: Selbstverlag 1979. 53 S., Lit.

Diese Liste enthaelt insgesamt 51 Titel von in der
DDR in den Jahren 1977 bis 1978 angefertigten bzw.
dort veroeffentlichten Forschungsarbeiten aus den
Gebieten Staedtebau und Architektur. Die inhaltliche
Gliederung dieser Zusammenstellung erfolgte
entsprechend der Empfehlung des "Committee on
Housing, Building and Planning" der ECE von Maerz
1973. Der Inhalt der aufgefuehrten Arbeiten ist
jeweils stichwortartig angegeben. mst/difu DIFUB

SEBI; 80/4317-quer 8
DI/80-2984

-113-

STAAT/VERWALTUNG
KREIS. Territorialplanung. Rationalisierung. Oertliche Volksvertretung. Rat. Stadtplanung. Verwaltungsorganisation. Dresden/Bezirk. DDR.

Benjamin,Michael:
Zur Verantwortung der oertlichen Staatsorgane fuer die komplexe Entwicklung im Territorium. Ergebnisse einer Beratung des Rates der Sektion Staatsrecht und staatliche Leitung und des Rates des Bezirkes Dresden. (dt.)
Hrsg.: Akademie fuer Staats- und Rechtswissenschaft der DDR, Sektion Staatsrecht und Staatliche Leitung, Potsdam.
Potsdam-Babelsberg: Selbstverlag 1978. 83 S.
Aktuelle Beitraege der Staats- und Rechtswissenschaft, H.191.

In dieser Broschuere sind die Referate zusammengestellt, die anlaesslich einer Konferenz der Sektion Staatsrecht und staatliche Leitung der Akademie fuer Staats- und Rechtswissenschaft der DDR in Zusammenarbeit mit dem Rat des Bezirkes Dresden gehalten wurden. Schwerpunkte der Veranstaltung waren Fragen der Taetigkeit der oertlichen Volksvertretungen fuer die Territorialentwicklung, Probleme der Rationalisierung deren Arbeit und Moeglichkeiten der Einflussnahme auf die Intensivierungsmassnahmen in den oertlichen Kombinaten und Betrieben. Daneben wurden allgemeine Fragen der Leitung und Planung durch die oertlichen Staatsorgane angesprochen. mst/difu DIFUB
SEBI; 79/6875
DI/80-2986

-114-

ARCHITEKTUR

WOHNGEBAEUDE. Wohngebiet. Umwandlung. Stadtland= schaft. Modernisierung. Technologie. Ostberlin. DDR.

Spohr,Rudi; Esch,Hans:
Modernisierung mit hoeherem Effekt. Ergebnisse und Erfahrungen bei der Modernisierung in unserer Hauptstadt. (dt.;Ref.engl.,franz.,russ.)
Archit.DDR 28(1979)Nr.9, S.538-543, Abb.

Das Wohngebiet am Arnimplatz, um die Jahrhundertwende entstanden, wird gegenwaertig in eine Stadtlandschaft umgewandelt. Angaben ueber die Ergebnisse bei der Modernisierung in den vergangenen Jahren, die 1. Modernisierungsetappe, die Ergebnisse der Technolo= gie, allgemeine Erfahrungen und Auswirkungen auf tech= nologische Prozesse. mr

IRB; Z 486
04/80-0324

-115-

STAEDTEBAU

ERNEUERUNG. Ersatzneubau. Forderung. Bedingung. Prinziploesung. Baukastensystem. DDR.

Nagel,Ulrich:
Systematisierung staedtebaulicher, funktioneller und konstruktiver Einfluesse auf die Technologie bei innerstaedtischen Neubauten. (dt.)
Bauztg. 33(1979)Nr.10, S.527-529, Abb.

Die Erzeugnis- und Prozessgestaltung beim Ersatz= neubau unterliegt staedtebaulichen, funktionellen und konstruktiven Forderungen. Die unbeeinflussbaren und beeinflussbaren Bedingungen werden naeher er= laeutert. Mit der Systematisierung der Einflussfakto= ren, der Ableitung von immer wiederkehrenden Prinzip= loesungen und der Ausarbeitung eines Baukastensystems sollen die Probleme der Vorbereitung von Ersatzneubau= ten rationell geloest werden. -y-

IRB; Z 381
04/80-0402

-116-

STADTPLANUNG/STAEDTEBAU
BEBAUUNGSPLANUNG. Wohnkomplex. Konzeption. Massen=
aufbau. Freiflaechengestaltung. Bildende Kunst.
Berlin-Marzahn. DDR.

Schweizer,Peter:
Wohnkomplex Kaulsdorf Nord in Berlin-Marzahn. (dt.)
Archit.DDR 28(1979)Nr.11, S.647-649, Abb.,Tab.

In Ostberlin wird Anfang der achtziger Jahre ein
neuer Wohnkomplex mit insgesamt etwa 4790 Wohnungen
fuer etwa 14.000 Einwohner auf einer Flaeche von rund
62 ha am Osthang der Wuhle-Niederung entstehen. Ueber
die staedtebauliche Konzeption, den Massenaufbau des
Wohnkomplexes, die Gestaltung der Freiflaechen und die
damit zusammenhaengenden Aufgaben der bildenen Kuenst=
ler wird berichtet. mr
IRB; Z 486
05/80-0748

-117-

STADTPLANUNG/STAEDTEBAU
FLAECHENNUTZUNGSPLANUNG. Flaechennutzung. Typisie=
rung. Landschaftsanalyse. Analysemethode. DDR.

Altmann,Rudolf; Mueller,Katharina; Rytz,Eva;
Schlueter,Heinz:
Zur Charakteristik von Flaechennutzungsstrukturen nach
grossmassstaebigen topografischen Karten. (dt.;Ref.
engl.,russ.)
Arch.f.Naturschutz u.Landschaftsforsch., Berlin/Ost
19(1979)H.1, S.43-62, Abb.,Tab.,Lit.

ohne Referat
BfLR; Z 175a;
05/80-0750

-118-

STAEDTEBAU

ENTWICKLUNG. Bauplanung. Gebaeudeform. Bauform. Bautechnologie. Fertigteilbau. Montagebau. Gebaeu= deteil. Gebaeudekopplung. Bauteil. Fliessfertigung. DDR.

Ihlenfeldt,Joachim; Kruse,Klaus; Will,Helmut:
Technologische Bedingungen fuer die staedtebauliche Planung. (dt.)
Bauinform.Wissensch.u.Tech. 22(1979)Nr.6, S.45-47

Eine spezielle Bautechnologie fuer mehrgeschossige Wohngebaeude dient als Arbeitsgrundlage fuer die Bebauungsplanung. Im Vordergrund stehen die Oekono= mie und die Produktivitaet der Baudurchfuehrung. Die Fliessfertigung von Bauteilen im Taktverfahren be= wirkt ein vielfach verwendbares Erzeugnissortiment. Die zwangslaeufige Gleichheit der Gebaeude, die mit dem geringsten Aufwand montiert werden koennen, wird in Kauf genommen. kb

IRB; Z 1266
06/80-0159

-119-

FERTIGTEILBAU/MONTAGEBAU

ALLGEMEIN. Modernisierung. Wohngebaeude. Erneue= rung. Stadtwohnung. Bausystem. Schottenbauart. Vor= fertigung. Staedtebau. Stadterneuerung. Bernau. Gotha. Greifswald. DDR.

Industrieller Wohnungsbau in innerstaedtischen Umgestaltungsgebieten. Erfahrungsbericht ueber die Beispielplanungen der Staedte Bernau, Gotha und Greifswald. (dt.;Ref.engl.,franz.,russ.)
Bearb.: Bauakademie der Deutschen Demokratischen Republik, Institut fuer Wohnungs- und Gesellschaftsbau, Berlin/Ost.
Hrsg.: Bauakademie der Deutschen Demokratischen Republik, Institut fuer Wohnungs- und Gesellschaftsbau, Berlin/Ost.
Berlin/Ost: Bauakademie der DDR, Bauinformation 1980.
75 S., Abb.,Tab.
= Bauforsch.Bauprax. H.50.
MDN 11,15

ohne Referat

IRB; 30Ind
10/81-0097

-120-

STADTPLANUNG/STAEDTEBAU

Entwicklung. DDR.

Die Staedte der DDR im Kartenbild. Teil 1, Plaene und Grundrisse von 1550-1850. Teil 2, Plaene und Grundrisse von 1851-1945. (dt.)
Hrsg.: Klemp,Egon; Deutsche Staatsbibliothek, Berlin/Ost.
Berlin/Ost: Selbstverlag 1972/1976. 417 S., Lit.,Reg.
Kartographische Bestandsverzeichnisse der Deutschen Staatsbibliothek 2.

In dem zweibaendigen Verzeichnis sind insgesamt 3210 Grundrisse und Plaene erfasst worden. Es handelt sich dabei um Handzeichnungen, Kupfer- und Stahlstiche und moderne Drucke von 472 Staedten, Festungen und anderen Oertlichkeiten in der DDR. Neben reinen Orientierungsplaenen kommen seit Mitte des 19. Jahrhunderts auch thematische Plaene, z.B. ueber Verkehrsdichte oder Siedlungsstruktur hinzu. DIFUB
SEBI; 74/4417-1,2
DI/79-2273

-121-

STADTPLANUNG/STAEDTEBAU

Wohnen. DDR.

Schattel,Johannes:
Wirtschaftlichkeit von staedtischen Wohnungsbaustandorten. Grundlagen fuer ein Verfahren zu ihrer Optimierung. (dt.)
Hrsg.: Bauakademie der DDR, Berlin/Ost.
Berlin/Ost: Selbstverlag 1974. 88 S., Tab.,Lit.
Schriftenreihen der Bauforschung; Reihe Staedtebau und Architektur, H.54.

Zur Ermittlung wirtschaftlicher Wohnungsbaustandorte wird ein Verfahren vorgeschlagen, das sich in folgende Planungsschritte gliedert: Ausarbeitung der gesellschaftspolitischen Zielstellung, Vorauswahl von Standorten und Analyse der Standortbedingungen, Ausarbeitung einer staedtebaulichen Planungskonzeption, Ermittlung der Aufwendungen unter Beruecksichtigung technisch-gestalterischer Loesungsvarianten, Optimierung technisch-gestalterischer Loesungsvarianten unter Einbeziehung des Zeitfaktors. DIFUB
SEBI; 77/6256
DI/79-2301

-122-

STADTPLANUNG/STAEDTEBAU

Wohnen. Bundesrepublik Deutschland. VR China. Suedamerika. Kuba. DDR.

Nachbarschaft im Neubaublock. Empirische Untersuchungen zur Gemeinwesenarbeit, theoretische Studien zur Wohnsituation. (dt.)
Hrsg.: Gronemeyer,Reimer; Bahr,Hans-Eckehard.
Weinheim: Beltz 1977. 392 S., Kt.,Abb.,Tab.,Lit.,Reg.
Beltz Studienbuch.

Die Beitraege des Bandes befassen sich mit den sozialen Implikationen der Wohnsituation in Neubaugebieten. Die Beitraege in Block I befassen sich mit der Ausnutzung des Beduerfnisses nach Partizipation durch den Faschismus und mit der Zerstoerung der Wohnsituation nach dem Zweiten Weltkrieg. Anhand von Beispielen werden dann die politisch-oekonomischen Bedingungen von Nachbarschaft untersucht. In Block II sind empirische Materialien und Kommentare zur Gemeinwesenarbeit gesammelt. In den Aufsaetzen von Block III wird das Neubauproblem durch Konfrontation mit architektonischer Vergangenheit (Arbeitersiedlungen) und durch internationalen Vergleich in einen Gesamtzusammenhang gestellt. Schliesslich wird das Nachbarschaftsproblem an Beispielen aus der Dritten Welt, Kubas, der DDR und China eroertert. DIFUB
SEBI; 78/662; IRB; 65Nach9035
DI/79-0001

-123-

STADTPLANUNG/STAEDTEBAU

Wohnen. DDR.

Krenz,Gerhard:
Wer baut Staedte fuer wen? (dt.)
Nachbarschaft im Neubaublock. Empirische Untersuchungen zur Gemeinwesenarbeit, theoretische Studien zur Wohnsituation. Hrsg.: Gronemeyer, Reimer; Bahr, Hans-Eckehard.
Weinheim: Beltz 1977. S. 356-363

Zu den Zielsetzungen der Stadtplanung in der DDR gehoert auch die Schaffung nachbarschaftlicher und solidarischer Beziehungen in den Wohnvierteln. Ueber die Realisierung dieser Ziele wird in dem Beitrag berichtet. DIFUB
SEBI; 78/662; IRB; 65Nach9035
DI/79-0015

-124-

STADTPLANUNG/STAEDTEBAU
ALLGEMEIN. Wohngebiet. Infrastruktureinrichtung.
Laermbekaempfung. Bauwesen. Karl-Marx-Stadt. DDR.

Planung von Wohngebieten. Beitraege. (dt.;Ref.engl., franz.,russ.)
Hrsg.: Deutsche Bauakademie, Berlin.
Berlin: Selbstverlag 1972. 91 S., Abb.,Tab.,Lit.
Schriftenreihen der Bauforschung; Reihe Staedtebau und Architektur, H. 38.

Unter dem Obertitel "Planung von Wohngebieten" vereint das Heft Fachbeitraege mit unterschiedlicher Problemstellung: Probleme der staedtebausoziologischen Forschung in der DDR; Verdichtung der Bebauung zur effektiveren Baulandnutzung beim 5geschossigen Wohnungsbau; Einfluss der Einwohnerdichte auf Kapazitaet und Einzugsgebiet gesellschaftlicher Einrichtungen; Laermbekaempfung mit Hilfe der Hinderniswirkung von Randbebauung; Laerm in Wohngebieten und seine Eliminierung durch Gebaeudegliederung und Architekturelemente. cp/difu

DIFUB
SEBI; 73/1679-4
DI/80-3437

-125-

STADTPLANUNG/STAEDTEBAU
Stadtentwicklungsplanung. Berlin/West. Berlin/Ost. DDR.

Wohnen, Bauen, Stadtentwicklung. (dt.)
Hrsg.: Parteivorstand der Sozialistischen Einheitspartei, -SEW-, Berlin/West.
Berlin: Zeitungsdienst Berlin 1978. 143 S., Lit.
Konsequent, Beitraege zur marxistisch-leninistischen Theorie und Praxis, H.2, 1978.

Die kritische Beschaeftigung mit der Stadtentwicklungspolitik in Berlin (West) ist das Schwerpunktthema dieses Heftes. Sieben Beitraege untersuchen die Grundlagen der Wohnungsversorgung, Gruende fuer mangelhaften Mieterschutz, das Angebot an staedtischen Gruenflaechen, sowie das Schlagwort von der "buergernahen Kultur". Der Stadterneuerungspraxis in Westberlin wird in einem Artikel sozialistische Stadterneuerung am Beispiel der der Stadtentwicklungspolitik der DDR zum Vergleich gegenuebergestellt. Das Thema 'Grossstadtplanung' ist Gegenstand eines Interviews mit dem Oberbuergermeister der Stadt Kiew in der UdSSR. sch/difu DIFUB
SEBI; 78/5028
DI/79-2023

-126-

STAEDTEBAU
ERNEUERUNG. GESTALTUNG. Stadtentwicklung. Strassen=bild. Platzbild. Architektur. Stadtbaugeschichte. Neuzeit. Leipzig. DDR.

Volk,Waltraud:
Historische Strassen und Plaetze heute - Leipzig. (dt.)
Hrsg.: Bauakademie der Deutschen Demokratischen Republik, Institut fuer Staedtebau und Architektur, Berlin/Ost.
Berlin/Ost: VEB Verlag fuer Bauwesen 1979. 224 S., Abb.,Lit.
MDN 33,60

Darstellung der Stadtentwicklung in geschichtlicher Phase und die Gestaltung und der Wiederaufbau bestimm=ter Strassenzuege und Plaetze von historischem Wert nach dem Weltkrieg. wm
IRB; 19Vol9585
07/80-0021

-127-

STADTPLANUNG/STAEDTEBAU

Bebauungsplanung. DDR.

Generalbebauungsplanung. Mathematische Methoden. Wissenschaftliche Beitraege. (dt.)
Hrsg.: Bauakademie der Deutschen Demokratischen Republik, Berlin/Ost.
Berlin/Ost: Bauinformation 1978. 88 S., Abb.,Lit.
Bauforsch. - Bauprax. H.20.

ohne Referat
BfLR; C 12684
DI/79-6851

-128-

POLITIK

STAEDTEBAU. Sozialismus. Stadtplanung. Planungs= ziel. Planungsprozess. Wiederaufbau. Entwicklungs= phase. Staedtebaugeschichte. DDR.

(Betrachtungen zur Entwicklung des Staedtebaus in der DDR)
Gabrielli,Bruno; Polo,Giancarlo:
Considerazioni sullo sviluppo urbanistico della RDT. (ital.;Ref.engl.)
Urbanistica, Torino (1979)Nr.70, S.6-11 und 3 Taf., Themakt.

Der Artikel skizziert einige grundlegende Aspekte zur Staedtebaupolitik der DDR und zeichnet die wichtigsten Phasen in der Diskussion und Entwicklung des Staedte= baus von 1945 bis heute nach. Die Rolle der Partei als Entscheidungstraeger im Planungsprozess und die enge Verbindung der Stadtplanung mit anderen Sektoren, ins= besondere der Wirtschaft, wird behandelt. Nach dem 2. Weltkrieg stand der Wiederaufbau und die Ueberwindung des territorialen Ungleichgewichts im Vordergrund, der Massenwohnungsbau wurde mit industrialisierten Baume= thoden vorangetrieben. Inzwischen hat sich eine Ten= denzwende weg von der Stadtneugruendung hin zur Erhal= tung und Erneuerung der alten Staedte vollzogen. Im Vergleich mit dem kapitalistischen Staedtebau werden teilweise die gleichen Probleme (Funktionsentmischung, monotone Neubaugebiete) festgestellt. um
IRB; Z 1282
08/80-0978

-129-

POLITIK

STAEDTEBAU. Sozialismus. Stadtplanung. Regionalpla=
nung. Planungsziel. Demographie. Stadt-Land-Bezie=
hungen. Staedtebaupolitik. Entwicklungsphase. Pla=
nungsprozess. DDR.

(Grundsaetzliche Tendenzen in der Staedtebaupolitik
der DDR)
Krenz,Gerhard:
Tendenze fondamentali nella politica urbanistica della
RDT. (ital.;Ref.engl.)
Urbanistica, Torino Nr.70, S.12-22 und 1 Taf., Abb.,
Tab.,Lit.,Themakt.

Der Artikel gibt einen Gesamtueberblick und viele De=
tailinformationen ueber Ziele, Methoden und Instrumen=
te der Stadt- und Regionalplanung in der DDR. Die ver=
schiedenen Entwicklungsphasen von 1945 bis heute wer=
den aufgezeigt. Hauptziel der Planung ist die Trans=
formation von Stadt und Region in ein wohl balancier=
tes Verhaeltnis mit gleich guten Lebensbedingungen und
hohem Lebensstandart. Ein wichtiges Instrument fuer
die Realisierung ist der detaillierte Stadtentwick=
lungsplan, der fuer 15-20 Jahre Gueltigkeit hat und
der mit dem nationalen Wirtschaftsplan koordiniert
ist. um

IRB; Z 1282
08/80-0977

-130-

STADTPLANUNG/STAEDTEBAU

BEBAUUNGSPLANUNG. Stadtzentrum. Stadtkern. Achse. Hauptstadt. Stadtgestaltung. Bebauungskonzept. Stadtentwicklung. Stadtraum. Berlin. DDR.

(Die zentrale Achse im Stadtzentrum von Berlin - Idee und Realitaet einer Planungspolitik)
Flierl,Bruno:
L'asse centrale nel centro storico di Berlino - idee e realta di una politica di piano. (ital.;Ref.engl.)
Urbanistica, Torino (1979)Nr.70, S.48-54, Abb.,Lit., Modelldarst.,Lagepl.

Beschreibung des staedtebaulichen Konzepts, mit dem Ostberlin nach dem 2.Weltkrieg umgestaltet wurde. Wichtigstes Element ist die zentrale Achse, die vom Brandenburger Tor zum Lindenforum, zum Alezanderplatz und weiter in Richtung Karl-Marx-Allee verlaeuft. Die Stadtverwaltung hat sich 1961 zu diesem Konzept ent=schlossen, nachdem 1958/59 ein internationaler Staedtebauwettbewerb durchgefuehrt worden ist. Mehrere der Wettbewerbsentwuerfe werden vorgestellt. um
IRB; Z 1282
08/80-0967

-131-

STADTPLANUNG/STAEDTEBAU

STADTENTWICKLUNGSPLANUNG. Wiederaufbau. Stadt=
erweiterung. Stadtgeschichte. Stadtzentrum. Stadt=
kern. Hauptstadt. Berlin. DDR.

(Die staedtebauliche Entwicklung der Hauptstadt
Berlin)
Korn,Roland:
Lo sviluppo urbanistico della capitale Berlino.
(ital.;Ref.engl.)
Urbanistica, Torino (1979)Nr.70, S.42-47, Abb.,
Themakt.

Der Artikel erlaeutert die Entwicklung von Ostberlin
nach 1945 und beschreibt die Planungsabsichten, die
fuer die Zukunft bestehen. 1950 wurde mit der Ein=
fuehrung des Wiederaufbaugesetzes der Grundstuecks=
pekulation ein Ende gesetzt. Zwischen 1962 und 1969
konzentrierte man sich auf die Neubebauung des Stadt=
zentrums, wo ein Gestaltungskonzept durchgefuehrt
wurde, das den Alexanderplatz, den Marx-Engels-Platz
und Unter den Linden umfasst. Die zentrale Hauptachse
geht vom Brandenburger Tor zum Frankfurter Tor. Im
Rahmen der weiteren Entwicklung sind Wohnungsbau=
massnahmen (etwa 350000 Neubauwohnungen und Wohnungs=
modernisierungen) und Stadterweiterungen vorgesehen,
dazu der Ausbau des Naherholungs- und des Verkehrs=
netzes. um

IRB; Z 1282
08/80-0968

-132-

STADTPLANUNG/STAEDTEBAU

STADTERWEITERUNG. STADTENTWICKLUNGSPLANUNG.
Neue Stadt. Stadtgruendung. Wirtschaftsraum. Indu=
striestandort. Hoyerswerda. DDR.

(Die neue Stadt Hoyerswerda)
La citta nuova di Hoyerswerda. (ital.;Ref.engl.)
Urbanistica, Torino (1979)Nr.70, S.75, Lagepl.

Beschreibung des Aufbaus einer neuen Stadt, die Wohnungen und Dienstleistungen fuer die Arbeiter eines Kraftwerks fuer Braunkohleverwertung bereitstellt. Zu= sammen mit der alten Stadt Hoyerswerda (8000 Ein= wohner), sollen im Endzustand 110000 Einwohner er= reicht werden. Saemtliche Gebaeude werden mit Fertig= teilen errichtet. Das Durchschnittsalter der Bewohner betraegt 26 Jahre, 18000 Arbeiter sind im Kraftwerk beschaeftigt. Das neue Stadtzentrum soll durch eine Fussgaengerverbindung zum alten Ortskern angebunden werden.

um

IRB; Z 1282
08/80-0962

-133-

SIEDLUNGSSTRUKTUR

Zentralitaet. Berlin. Berlin/Ost. DDR. Bundesrepublik Deutschland.

Heineberg,Heinz:
Zentren in West- und Ost-Berlin. Untersuchungen zum Problem der Erfassung und Bewertung grossstaedtischer funktionaler Zentrenausstattungen in beiden Wirtschafts- und Gesellschaftssystemen Deutschlands. (dt.;Ref.engl.)
Paderborn: Schoeningh 1977. 206 S., Abb.,Tab.,Lit.,Kt.
geowiss.Habil.; Bochum 1974
Bochumer Geographische Arbeiten, Sonderreihe, Band 9.

Berlin bildet fuer
vergleichende stadtgeographische Untersuchungen ein einmaliges und reichhaltiges Untersuchungsobjekt. Nach weitgehender Kriegszerstoerung des hochorganisierten Citybereichs der ehemaligen Hauptstadt und nach der politischen Spaltung durch eine Grenze, die zwei verschiedene Sozial-, Wirtschafts- und Staatssysteme voneinander trennt, und nach der Abschnuerung West-Berlins von seinem Hinterland stellte sich seit 1945 in beiden Teilen Berlins ein aeusserst differnzierter Prozess der Zentrenumgestaltung ein. Die Untersuchung verfolgt eine zweifache Zielsetzung: 1. die Erfassung, Darstellung und Bewertung differenzierter Auswirkungen der unterschiedlichen Gesellschaftssysteme in beiden Teilen Deutschlands auf die funktionale Ausstattung verschiedenrangiger grossstaedtischer Zentren; 2. die theoretische und empirische Ueberpruefung der Anwendbarkeit bisheriger stadt- und wirtschaftsgeographischer Methoden in bezug auf die Problematik des Zentrenvergleichs in beiden oekonomischen und sozialen Systemen. sw/difu

DIFUB

SEBI; 4-78/6034
DI/79-3834

-134-

FERTIGTEILBAU/MONTAGEBAU
SYSTEM. EIGENSCHAFT. HERSTELLUNG. Wohngebaeude. Ge=
schossbau. Stahlbetonkonstruktion. Stahlbeton=
fertigteil. Skelettbauart. Schottenbauart. Grund=
rissanforderung. Gestaltung. Staedtebau. DDR.

Kress,Siegfried; Hirschfelder,Guenther:
Industrieller Wohnungsbau. Allgemeine Grundlagen.
(dt.)
Hrsg.: Bauakademie der Deutschen Demokratischen
Republik, Institut fuer Staedtebau und Architektur,
Berlin/Ost; Bauakademie der Deutschen Demokratischen
Republik, Institut fuer Wohnungs- und
Gesellschaftsbau, Berlin/Ost.
Berlin/Ost: VEB Verlag fuer Bauwesen 1980. 271 S.,
Abb.,Tab.,Lit.
MDN 44,-
Vorw.: Kress,Siegfried; Hirschfelder,Guenther.

ohne Referat
IRB; 30Kre
11/81-0505

-135-

WISSENSCHAFT/GRUNDLAGEN

Prognose. Cottbus. Potsdam. Neubrandenburg. Gera. Magdeburg.

Schultz,Guenter:
Parkprobleme in Stadtzentren. Verkehrstechnische, staedtebauliche und prognostische Aspekte. (dt.;Ref. engl.,franz.,russ.)
Hrsg.: Deutsche Bauakademie, Berlin/Ost.
Berlin/Ost: Selbstverlag 1968. 119 S., Abb.,Tab.,Lit.
tech.Diss.; Deutsche Bauakademie Berlin/Ost 1970
Schriftenreihe der Bauforschung, Reihe Staedtebau und Architektur, Heft 20.

Ausgehend vom internationalen Stand der Parkraumbedarfsermittlungen werden in der Arbeit Versuche zur Loesung des Parkproblems in den Zentren verschiedener Staedte erlaeutert. Anhand umfangreicher Erhebungen in einigen Staedten der DDR gelangt der Autor zur Formulierung von Gesetzmaessigkeiten in der Verteilung der Parkdauer und der Reiseweiten sowie zum Aufzeigen von Zusammenhaengen zwischen dem ruhenden Verkehr und dem Gesamtverkehr bzw. der Gebaeudenutzung. Der Versuch einer Prognose und Vorschlaege zur Planung des ruhenden Verkehrs muenden in Hinweisen fuer die Praxis zur Bewirtschaftung der Parkraeume mit und ohne Parkzeitbeschraenkung. Es wird das Modell eines Verkehrslenkungs- und Kontrollsystems skizziert.
sw/difu DIFUB
SEBI; 4-71/1724
DI/79-1215

-136-

ARCHITEKTUR

INDUSTRIEANLAGE. Industriebau. Bauentwicklung. Ent=
wicklungsbasis. Entwicklungsleitlinie. Industrie=
architektur. Gestaltung. Funktion. Betriebsentwick=
lung. Zukunftsaufgabe. DDR.

Lahnert,Hans; Schmidt,Karl:
Grundrichtung der Entwicklung des Industriebaues in
der DDR. (dt.)
Wiss.Z.Hochsch.Archit.u.Bauw., Weimar 26(1979)Nr.2, S.

Die weitere Entwicklung der materiell-technischen Ba=
sis der Produktion, die komplexe Umgestaltung von Ge=
bieten, Staedten und Gemeinden sowie die zielorien=
tierte Profilierung der Produktivkraefte des Bauwesens
bilden die Entwicklungsleitlinien des Industriebaus in
der DDR. Schwerpunkt der weiteren Entwicklung ist die
Erhoehung der quantitativen und qualitativen Lei=
stungsfaehigkeit auf der Basis gesichteter wissen=
schaftlich-technischer Ergebnisse unter den Bedin=
gungen zu erwartender Anforderungen der Gesellschaft.
Im Beitrag werden Zukunftsaufgaben und Entwicklungs=
leitlinien des Industriebaus in der DDR beschrieben.za
IRB; Z 447
09/80-0151

-137-

STAEDTEBAU

BAULEITPLANUNG. GESTALTUNG. ENTWICKLUNG. Erneue=
rung. Sanierung. Bezirksstadt. Rostock. DDR.

Lasch,Rudolf:
Stadtentwicklung und Stadtgestaltung-Probleme einer
Bezirksstadt. (dt.)
Wiss.Z.Tech.Univ.Dres. 28(1979)Nr.5, S.1273-1277,
Abb.,Tab.,Lit.

Als Unterlage fuer die Ausarbeitung eines Generalbe=
bauungsplans der Stadt Rostock einschliesslich Umland
wurde eine Untersuchung mit folgenden Themen durchge=
fuehrt: (a) Stadtstruktur, Stadtkomposition und Flae=
chennutzung, (b) Arbeitsstaettengebiete, (c) Wohnungs=
bau (Neubau, Erneuerung, Sanierung), (d) Gesellschaft=
liche Zentren, (e) Verkehrs- und Versorgungsnetze, (f)
Freiflaechen und Naherholung, (g) Schwerpunkte der Um=
weltgestaltung, (h) Beziehungen Stadt/Umland. Im vor=
liegenden Beitrag werden diese Themen und ihre Proble=
matik zusammenfassend erlaeutert. de
IRB; Z 776
09/80-0626

-138-

STADTPLANUNG/STAEDTEBAU

Allgemein. London. Grossbritannien. Hamburg. Bundesrepublik Deutschland. Berlin/Ost. DDR.

Stadtentwicklungen in kapitalistischen und sozialistischen Laendern. (dt.)
Hrsg.: Friedrichs,J..
Reinbek: Rowohlt 1978. 366 S.
Rowohlts deutsche Enzyklopaedie, Bd.378.

Die Arbeit vermittelt Grundlagen und Probleme eines Vergleichs von Stadtentwicklungen am Beispiel der Staedte London, Hamburg, Berlin/Ost, Warschau, Moskau und diskutiert die Ergebnisse dieses Vergleichs. DIFUB
BfLR; A 6502; 62Fri8757
DI/79-4622

-139-

STADTPLANUNG/STAEDTEBAU

BESTANDAUFNAHME. Stadtbild. Stadtbildanalyse. Architektur. Stadtgeschichte. Stadtentwicklung. Stadtraum. Strasse. Platz. Ensemble. Berlin. DDR.

Volk,Waltraud:
Historische Strassen und Plaetze heute. Berlin, Hauptstadt der DDR. 6.,durchges.Aufl. (dt.)
Hrsg.: Bauakademie der Deutschen Demokratischen Republik, Institut fuer Staedtebau und Architektur, Berlin/Ost.
Berlin/Ost: VEB Verlag fuer Bauwesen 1978. 268 S., Abb.,Lit.
MDN 39,80

Ein Anliegen des Buches ist es, die Verbindung zwi= schen dem heutigen Strassenbild Ost-Berlins und seinem Aussehen in der Vergangenheit herzustellen und ge= schichtliche Zusammenhaenge unter staedtebaulichen Gesichtspunkten zu verdeutlichen. Bauten, Strassen und Plaetze werden so als Spiegelbild der gesell= schaftlichen Entwicklung vom 17./18. Jahrhundert bis zur Gegenwart dargestellt. Bei der Auswahl der vorge= stellten Beispiele wurde der Schwerpunkt auf gesamt= raeumliche Situationen (Strassenzuege, Plaetze, Ensembles), weniger auf Einzelgebaeude, gelegt. boe
IRB; 17/Allg.Vol6730
09/80-0004

-140-

STADTPLANUNG/STAEDTEBAU
Allgemein. DDR. Bundesrepublik Deutschland.

Schoeller,Peter:
Die Stadt als Spiegel der Gesellschaft -
Entwicklungstendenzen deutscher Staedte im
West-Ost-Vergleich. (dt.)
Die Grossstaedte und die Zukunft unserer
Gesellschaft. 26.Universitaetstage der Stadt Hamm.
Hamm: Selbstverlag 1978. S.91-105, Abb.,Lit.
Tatsachen u.Ber.Schriftenr.d.Stadt Hamm. 26.

ohne Referat
BfLR; A 6717
DI/79-7744

-141-

STADTPLANUNG/STAEDTEBAU
STADTGESTALTUNG. Umweltgestaltung. Landschaftsge=
staltung. DDR.

(Der Mensch und die gestaltete Umwelt)
Fliegel,Sigbert:
L'uomo e l'ambiente. (ital.;Ref.engl.)
Urbanistica, Torino (1979)Nr.70, S.30-32

Gestaltung der materiellen Umwelt und Entwicklung so=
zialer Gesellschaftsstrukturen gelten in der DDR als
untrennbare Einheit, sie ergeben zusammen die erfor=
derlichen Voraussetzungen fuer das Leben, die Entwick=
lung und die Kultur des Menschen. Daher werden Fragen
der Umweltgestaltung besonders ernst genommen. Die in
der Planung auf den verschiedenen Ebenen angesiedelten
Fachleute bemuehen sich, vor allem auch in der Pla=
nungsphase, zusammenzuarbeiten. Schwerpunkte sind
Landschaftsgestaltung, Wiederaufforstung, in der ge=
bauten Umwelt Fragen der Lichtwirkung, der Farbgebung,
etc. Auch im Wohnungsbau wird der Ruf nach besserer
Qualitaet des Wohnumfeldes und der Stadtgestalt immer
deutlicher. Photos. IRPUD
IRB; Z 1282
11/81-3171

-142-

VERKEHR

FUSSGAENGERZONE. Gestaltung. Nutzung. Ausstattung. Deutsche Demokratische Republik.

(Fussgaengerzonen in Stadtzentren)
Andrae,Klaus:
Le zone pedonali nel centro delle citta. (ital.;Ref. engl.)
Urbanistica, Torino (1979)Nr.70, S.33-36, Abb.

Bisher haben 26 Staedte Fussgaengerzonen eingerichtet, in 18 Staedten sind sie im Bau, viele weitere sind in der Planung. Neben der wichtigsten Aufgabe Fahr- und Fussgaengerverkehr voneinander zu trennen, zielt die Einrichtung von Fussgaengerbereichen darauf, die Le= bensbedingungen der Wohn- wie auch der arbeitenden Be= voelkerung durch staedtebaulich-architektonische Mass= nahmen in den Stadtzentren zu verbessern, historische Substanz zu erhalten und neue Strukturen zu integrie= ren. Es werden Probleme der Nutzung in Fussgaengerbe= reichen angesprochen, Fragen der Verkehrsanbindung, der Gestaltung und der Begruenung, Fragen der techni= schen Durchfuehrung und der Buergerbeteiligung und des Verfahrens in der Vorbereitung. IRPUD
IRB; Z 1282
11/81-3172

-143-

STADTPLANUNG/STAEDTEBAU

ALLGEMEIN. Stadtzentrum. Wiederaufbau. Berlin. DDR.

(Die neue Achse im historischen Zentrum von Berlin, Vorstellungen und Realisierung einer Planungspolitik)
Flierl,Bruno:
L'asse centrale nel centro storico di Berlino, idee e realta di una politica di piano. (ital.;Ref.engl.)
Urbanistica, Torino (1979)Nr.70, S.48-54, Abb.

Gegenstand der Darstellung ist die staedtebauliche Planung fuer den Wiederaufbau bzw. die Neugestaltung des Zentrums von Berlin (Ost), das sich, in Verlaenge= rung der "Linden" vom heutigen Marx-Engels-Platz (ehem. Terrain des Schlosses) bis zum Alexanderplatz bzw. zur Karl-Marx-Allee erstreckt, im Verlauf der letzten 30 Jahre. IRPUD
IRB; Z 1282
11/81-3157

-144-

STADTPLANUNG/STAEDTEBAU
FLAECHENNUTZUNGSPLANUNG. STADTENTWICKLUNGSPLANUNG. STADTERWEITERUNG. WOHNEN. Stadtzentrum. Wiederauf= bau. Dresden. Deutsche Demokratische Republik.

(Planung und Wiederaufbau in Dresden)
Michalk,Heinz:
Ricostruzione e pianificazione di Dresda. (ital.;Ref. engl.)
Urbanistica, Torino (1979)Nr.70, S.55-63, Abb.

Dresden ist heute, mit 520.000 EW, drittgroesste Stadt der DDR. Als Zentrum von Indsutrie, Wissenschaft, Kul= tur und Kunst ist es jedoch auch Anziehungspunkt fuer den internationalen Tourismus. Kurzer Abriss der Stadtgeschichte (barocke Residenzstadt, Zerstoerung 1945). Wiederaufbau und Gestaltung der zerstoerten Innenstadt. Stadterweiterung und Planung neuer Wohn= quartiere. IRPUD
IRB; Z 1282
11/81-3158

-145-

STADTPLANUNG/STAEDTEBAU
STADTENTWICKLUNGSPLANUNG. STADTERWEITERUNG. SANIE= RUNG. Nutzungsaenderung. Fussgaengerzonen. Erfurt. DDR.

(Stadtplanung und Stadtsanierung in Erfurt)
Nietsch,Walter:
Pianificazione urbanistica e risanamento a Erfurt. (ital.;Ref.engl.)
Urbanistica, Torino (1979)Nr.70, S.64-68, Abb.

Erfurt (205.000 EW) ist Zentrum einer wichtigen Indu= strieregion. Sein mittelalterlicher Stadtkern, der im Krieg nicht zerstoert wurde, ist beruehmt. Das Stadt= entwicklungsprogramm sieht drei Phasen vor: Erweite= rung der Stadt nach N (bis 1980), nach SO (1980-90) und SW (nach 1990). Die Erweiterungsgebiete werden neben Wohnungen auch Gewerbeansiedlungen (Ansiedlung von Arbeitsplaetzen), Freizeiteinrichtungen, soziale und technische Infrastruktureinrichtungen aufweisen. Ausserdem wurde darauf geachtet, dass keine landwirt= schaftlichen Produktionsflaechen verloren gehen. Im Rahmen einer ausgewogenen Wohnungspolitik wird gleich= zeitig die Sanierung der Altstadt (Erhaltung bei An= passung an moderne Beduerfnisse) und die Pflege des Wohnungsbestandes betrieben. IRPUD
IRB; Z 1282
11/81-3159

-146-

STADTPLANUNG/STAEDTEBAU

STADTENTWICKLUNGSPLANUNG. STADTERWEITERUNG. STADT=
SANIERUNG. STANDORTPLANUNG. WOHNEN. BUERGERBETEI=
LIGUNG. Rostock. DDR.

(Neue Wohngebiete in Rostock)
Urbanski,Wolfgang:
I quartieri nuovi di Rostock. (ital.;Ref.engl.)
Urbanistica, Torino (1979)Nr.70, S.69-74, Abb.

Rostock hat als wichtigste Hafenstadt der DDR beson=
dere Bedeutung (Fischerei, Seetransportwesen, Schiffs=
bau). Die Stadt wurde im 12.Jh. gegruendet und ist be=
ruehmt fuer ihre Backsteinarchitektur. Die historische
Innenstadt ist somit Objekt von Stadtsanierung unter
Beruecksichtigung zeitgemaesser Beduerfnisse (Ver=
kehrsberuhigung, Durchgruenung, Nutzungsfragen hist.
Baustruktur, etc.). Die ebenso erforderliche Stadter=
weiterung wurde unter Einbeziehung topographischer,
klimatischer, oekonomischer und Erschliessungsueberle=
gungen sorgfaeltig unter Einbeziehung aller Instanzen
festgelegt. Darstellung der Planungsorganisation und
-realisierung des Gebiets "Luetten-Klein" (Anwendung
von Netzplantechnik, industriellem Bauen, Fragen von
Ausstattung und Gestaltung) Oeffentl. Diskussion und
Buergerbeteiligung! IRPUD
IRB; Z 1282
11/81-3161

-147-

STADTPLANUNG/STAEDTEBAU

STANDORTPLANUNG. INDUSTRIE. Neue Stadt. Arbeits=
kraefte. Hoyerswerda. DDR.

(Die neue Stadt bei Hoyerswerda)
La citta di Hoyerswerda. (ital.;Ref.engl.)
Urbanistica, Torino (1979)Nr.70, S.75, Abb.

1955 hat der Ministerrat der DDR beschlossen, ein
zentrales Kraftwerk an der Oder zu errichten. Zur An=
siedlung der erforderlichen Arbeitskraefte wurde nahe
der Kleinstadt Hoyerswerda eine Neue Stadt errichtet
(Bev.-Zielzahl 80.000 EW) Anlaesslich des Baus dieser
Stadt wurden verschiedene bau- und planungstechnische
Experimente durchgefuehrt, die kurz erwaehnt werden.
Angaben ueber Groessenordnung, Ausstattung, Bauphasen
und deren Konzeptionen. IRPUD
IRB; Z 1282
11/81-3162

-148-

STADTPLANUNG/STAEDTEBAU
STADTERWEITERUNG. STANDORTPLANUNG. INDUSTRIE. Ar=
beitskraefte. Neue Stadt. Halle-Neustadt. DDR.

(Eine Neue Stadt, Halle-Neustadt)
Foellner,Gerhard:
Una nuova citta, Halle-Neustadt. (ital.;Ref.engl.)
Urbanistica, Torino (1979)Nr.70, S.76-81, Abb.

Zum Ausbau der Produktion in den chemischen Werken
Leuna und Buna bei Halle und insgesamt zur Stabilisie=
rung im Industriebezirk Halle-Merseburg-Bitterfeld
wurde 1964 die Trabantenstadt Halle-Neustadt gegruen=
det. In dem Beitrag werden Probleme der Standortwahl,
die Phasen der Realisierung, der Ausbau mit techni=
scher und Verkehrsinfrastruktur, das soziale Leben und
die Methode der "Verwaltung" dieser Stadt geschildert
sowie der Flaechennutzungsplan mit seinen einzelnen
Nutzungsbereichen erlaeutert. IRPUD
IRB; Z 1282
11/81-3163

-149-

STADTPLANUNG/STAEDTEBAU
ALLGEMEIN. Planungsmodell. Planungspolitik. Sied=
lungsgestaltung. Siedlungsmodell. Deutsche
Demokratische Republik.

(Anmerkungen zur Stadtplanungspolitik in der DDR)
Gabrielli,Bruno; Polo,Giancarlo:
Considerazioni sullo sviluppo urbanistico della RDT.
(ital.;Ref.engl.)
Urbanistica, Torino (1979)Nr.70, S.6-11, Kt.

Kurzer Abriss ueber die Entwicklung von Stadtplanung
und Raumordnung in der DDR seit ca.1950. Kritik an der
architektonischen Gleichfoermigkeit im Wohnungsbau,
der starren Funktionsverteilung in Neubaugebieten,
der Variationsarmut in der Grundrissgestaltung (wo
bleibt z.B. die Tradition des Bauhauses?). Bedauern
darueber, dass zu den westlichen Stadtmodellen keine
wirklichen Alternativen entwickelt wurden. Die Autoren
regen an, die bisherige Entwicklung unter diesem
Aspekt zu untersuchen, in einem Moment, wo quantitativ
die Nachfrage im Wohnungsbereich erfuellt ist und das
Angebot qualitativ verbessert werden muesste. IRPUD
IRB; Z 1282
11/81-3165

-150-

STADTPLANUNG/STAEDTEBAU

ALLGEMEIN. Wiederaufbau. Sozialismus. Realismus. Architektur. Grundsatz. Programm. Beispiel. DDR.

Borngraeber,Christian:
Das nationale Aufbauprogramm der DDR. Architekten zwischen 1950 und 1955. (dt.)
Arch plus (1981)Nr.56, S.28-32, Abb.,Lit.

ohne Referat
IRB; Z 925
11/81-3836

-151-

STAEDTEBAU

GESTALTUNG. Platzgestaltung. Fussgaengerzone. Neu=baugebiet. Wohngebaeude. Handelsgebaeude. Kom=munikationszone. Raumfolge. Freiflaechenplanung. Erfurt. DDR.

Andres,Guenter:
Staedtebaulich-architektonische Gestaltung des Berliner Platzes in Erfurt, Wohngebiet Nordhaeuser Strasse. (dt.)
Archit.DDR 29(1980)Nr.3, S.162-163, Abb.,Tab.,Lagepl.

ohne Referat
IRB; Z 486
11/80-3215

-152-

STADTERNEUERUNG

STADTGESTALTUNG. BAUSUBSTANZ. WOHNEN. WETTBEWERB. Generalbebauungsplan. Innenstadtbereich. Moderni=sierung. Flaechenrationalisierung. Infrastruktur=entwicklung. Gestaltungsleitbild. Arnstadt. Erfurt/Bezirk. DDR.

Mueller,Walter:
Generalbebauungsplanung und Umgestaltung. (dt.)
Archit.DDR 29(1980)Nr.3, S.160-161, Abb.

ohne Referat
IRB; Z 486
11/80-3219

-153-

STADTPLANUNG/STAEDTEBAU

STADTTEILPLANUNG. Wohngebiet. Wohnbebauung. Ver=
kehr. Stadttechnik. Erschliessung. Freiflaechenge=
staltung. Hennigsdorf. DDR.

Wohnkomplex Hennigsdorf Nord. (dt.;Ref.engl.,franz.,
russ.)
Archit.DDR 29(1980)Nr.1, S.25-28, Abb.,Grundr.

ohne Referat
IRB; Z 486
11/80-3823

-154-

STAEDTEBAU

GESTALTUNG. Planung. Neubauwohngebiet. Grundpro=
blem. Untersuchung. Beispiel. DDR.

Kress,Siegfried; Arlt,Guenter; Heger,Wolfgang;
Baeseler,Horst:
Probleme der staedtebaulich-raeumlichen Gestaltung von
Wohnbereichen. (dt.;Ref.engl,,franz.,russ.)
Archit.DDR 29(1980)Nr.4, S.234-248, Abb.,Tab.

Ausgehend von der "Komplexrichtlinie fuer die staedte=
bauliche Planung und Gestaltung von Neubauwohngebie=
ten", hat ein Kollektiv der Bauakademie im Rahmen
einer Forschungsaufgabe Grundprobleme der staedtebau=
lich-raeumlichen Gestaltung untersucht. In diesem Bei=
spiel werden an Hand zahlreicher Beispiele aus der DDR
folgende drei Aspekte naeher analysiert: 1. Raumbill=
dung, Raumfolgen und Raumeindruecke im Wohnbereich;
2. Verbindung und Uebergang zur Landschaft und
3. Moeglichkwiten der Differenzierung des Fahr- und
Fussgaengerverkehrs in Wohnbereichen. -z-
IRB; Z 486
11/80-3129

-155-

ARCHITEKTUR

ALLGEMEIN. Leitbild. Katalogprojektierung. Monoto=
nie. Verdichtung. Stadtentwicklung. DDR.

Mayer,Hans:
Architektur und Staedtebau in der DDR -
Leitbild-Aspekte. (dt.)
Architekt (1980)Nr.3, S.121-125, Abb.,Lit.

Die baupolitische Grundsatzentscheidung in der DDR
muss architektonisch-staedtebaulich noch in der Zu=
kunft durchgestanden werden. Auch dort wurden die
Chancen zu einem besseren Staedtebau verpasst. Die
50er und 60er Jahre waren in beiden deutschen Teilen
aufgelockert und gegliedert. Das taegliche Brot der
DDR-Architekten ist die Katalogprojektierung; die Aus=
wahl einiger weniger Segmente, die Entscheidung, ob 4,
5 oder 6 Geschosse getuermt werden sollen. Es werden
Wohnungen so billig wie moeglich gebaut. Mit dem indu=
strialisierten Bauwesen ist die sogenannte Monoto=
nie-Diskussion fest und unverbruechlich verbunden. mr
IRB; Z 355
12/80-1052

-156-

STADTPLANUNG/STAEDTEBAU

STADTENTWICKLUNGSPLANUNG. Stadtplanung. Rahmenbe=
dingung. Planungsbereich. Planungseingriff. Berlin.
DDR. Warschau. Polen. Moskau. UdSSR.

Dangschat,Jens; Friedrichs,Juergen:
Stadtplanung in Berlin/Ost, Warschau und Moskau. (dt.)
B(1980)Nr.3, S.128-133, Abb.,Tab.,Lit.

Diese Darstellung der Stadtplanung in Grossstaedten
sozialistischer Laender stuetzt sich weitgehend auf
die Ergebnisse einer mehrjaehrigen Studie, in der die
Stadtentwicklungen und die Stadtplanungen neben denen
von London und Hamburg untersucht wurden. Angaben
ueber das in den sozialistischen Laendern gepraegte
Stadtbild heutiger Grossstaedte, die Rahmenbedingungen
der Planung sowie die auf die Planungsbereiche einwir=
kenden Rahmenbedingungen. Die Entwicklungen in
Ost- und Westdeutschland, die weitgehend von den nicht
vorhergesehenen Folgen der Menge von isolierten Ein=
zelentscheidungen bestimmt sind, fordern in allen
Staedten planerische Eingriffe. mr
IRB; Z 355
12/80-1019

-157-

STADTPLANUNG/STAEDTEBAU

STADTERWEITERUNG. Wachstum. Wirtschaftszweig. Stadtentwicklungskonzeption. Wohnkomplex. Schwedt. DDR.

Dielitzsch,Christoph; Tatermusch,Eckehard:
Erweiterung von Schwedt durch die Stadtteile "Talsand" und "Am Waldrand". (dt.;Ref.engl.,franz.,russ.)
Archit.DDR 29(1980)Nr.7, S.408-412, Abb.,Tab.

ohne Referat
IRB; Z 486
12/80-3956

-158-

STADTPLANUNG/STAEDTEBAU

STADTPLANUNG. Wohngebiet. Lage. Geschossbau. Er=schliessung. Hochbaugestaltung. Freiflaechen=gestaltung. Rostock-Dierkow. DDR.

Lasch,Rudolf; Baumbach,Peter; Braeuer,Michael; Weinhold,Christoph; Moeller,Hans- Otto; Deutler, Juergen:
Staedtebauliche Konzeption fuer das Wohngebiet Rostock-Dierkow. Hohe Wohnqualitaet durch rationelle Planung und Projektierung. (dt.;Ref.engl.,franz., russ.)
Archit.DDR 29(1980)Nr.6, S.347-353

Das Wohngebiet wird als erstes von kuenftigen Neubau=wohnungen am Nord- und Ostufer der Warnow in Rostock realisiert. Damit entsteht gegenueber dem historischen Zentrum der Stadt eine neue staedtebauliche Silhouet=te. Bei dieser Bebauungskonzeption ist ein sehr hoher Anteil (83 %) von mehrgeschossigen Wohnbauten vorge=sehen. Durch Abtreppungen der Wohnblocks an staedte=baulich markanten Stellen auf vier und drei Geschos=se wird eine wohngebietstypische Gestaltung erreicht.

-z-

IRB; Z 486
12/80-3958

-159-

STADTPLANUNG/STAEDTEBAU

STADTTEILPLANUNG. Wohngebiet. Konzeption. Lage. Gestaltung. Eberswalde-Finow. DDR.

Toepfer,Wolfgang; Dielitzsch,Christoph:
Wohngebiet "Max Reimann" in Eberswalde-Finow. (dt.; Ref.engl.,franz.,russ.)
Archit.DDR 29(1980)Nr.7, S.413-416, Abb.

ohne Referat
IRB; Z 486
12/80-3963

-160-

STAEDTEBAU

ERNEUERUNG. Wiederaufbau. Planung. Gebaeudeer= stellung. Beispiel. Bauluecke. Beeskow. DDR.

Herrmann,Fritz:
Lueckenschliessungen im Zuge der Altstadtrekonstruktion in Beeskow. (dt.)
Archit.DDR (1980)Nr.7, S.430-432, Abb.

ohne Referat
IRB; Z 486
01/81-0709

-161-

SIEDLUNGSSTRUKTUR
ALLGEMEIN. Flaechennutzungsplanung. Planungsverfah=
ren. Modell. Schwellentheorie. Blockschaltbild.
Planungslinie. Forschungsarbeit. DDR.

Kind,Gerold:
Beitraege zur Planung der Siedlungsstruktur und der Flaechennutzung in der DDR. Ansaetze und Ergebnisse der interdisziplinaeren Territorialforschung an der TU Dresden. (dt.)
Wiss.Z.Tech.Univ.Dres. 27(1978)Nr.6, S.1317-1324, Abb.,Tab.,Lit.

Im Rahmen des Forschungskomplexes werden Siedlungs=
strukturmodelle und ein Planungsverfahren fuer die
Territorialentwicklung erarbeitet. Fuer die theoreti=
sche und methodische Bewaeltigung der Problematik sind
schwellenbildende Begrenzungen der raeumlich-zeit=
lichen Entwicklung in den Staedten und Territorien zu
untersuchen. Ihre Funktionsbeziehungen sind in der
Schwellentheorie verarbeitet. Ueber die bisher vor=
liegenden Forschungsergebnisse wird berichtet. kb
IRB; Z 776
01/81-0245

-162-

SIEDLUNGSSTRUKTUR
DORF/STADT. STADTGESTALT. STADTREGION. WOHNEN.
Struktur. Lebensqualitaet. Lebensbedingung. Urbani=
taet. Kultur. Gesellschaft. Staedtebau. DDR.

Wauer,Roland:
Urbanitaet - ein Wert des Lebens und der Kultur. (dt.)
Wiss.Z.Tech.Univ.Dres. 27(1978)Nr.6, S.1289-1292, Lit.

Aus sozialistischer Sicht wird der Begriff Urbanitaet
als Merkmal staedtischen Lebens und staedtischer Kul=
tur dargelegt. Im Unterschied zu den in kapitali=
stischen Laendern zu beobachtende Bestrebungen ist die
Wiedergewinnung der Urbanitaet fuer die sozialistische
Gesellschaft kein Reformprogramm, sondern ein real
sich vollziehender Prozess. kb
IRB; Z 776
01/81-0224

-163-

STADTPLANUNG/STAEDTEBAU

STADTGESTALTUNG. STADTENTWICKLUNGSPLANUNG. Umge=
staltung. Grossstadt. Stadttheorie. Gesellschafts=
theorie. DDR.

Burggraf,Horst; Emmrich,Peter:
Wissenschaaftliches Kolloquium "Umgestaltung der
Grossstadt. (dt.)
Wiss.Z.Tech.Univ.Dres. 27(1978)Nr.6, S.1353-1355, Lit.

Die Entwicklung der Beziehungen zwischen Wohn- und
Arbeitsstaette wird als ein tragender Prozess der
Siedlungsentwicklung gesehen. In Vortraegen wird
ueber die theoretischen Probleme der Entwicklung der
Grossstadt berichtet und uebereinstimmend festge=
stellt, dass die Entwicklungslinien des Lebens in der
Stadt nicht mehr allein empirisch zu erfassen sind.
Wissenschaftliche, theoretische Arbeit ist damit zur
notwendigen Voraussetzung im Staedtebau geworden. kb
IRB; Z 776
01/81-0225

-164-

STAEDTEBAU

GESTALTUNG. Bautechnologie. Technologie. Baustel=
leneinrichtung. Bauprodukt. Einflussfaktor. Umwelt=
gestaltung. Stadtzentrum. DDR.

Kuenzel,Eberhard:
Der Einfluss der Bautechnologie auf die
Erzeugnisentwicklung fuer die sozialistische
Umgestaltung der historischen Stadtzentren. (dt.)
Wiss.Z.Hochsch.Archit.u.Bauw., Weimar 26(1979)Nr.6, S.

Ausgehend von den besonderen Bedingungen fuer die Bau=
technologie bei der sozialistischen Umgestaltung von
historischen Stadtzentren werden die bautechnologi=
schen Einflussgroessen, wie der Flaechenbedarf der
Baustelleneinrichtung, die Zufahrtswege, die Kranmon=
tage, die konstruktive Sicherung der benachbarten Bau=
substanz sowie die Beachtung der Umweltfaktoren und
die Bauzeit dargestellt. Auf ihren spezifischen Merk=
malen werden bautechnologische Anforderungen an die
Erzeugnisentwicklung fuer die Ersatzbebauung abgeleis=
tet und Massnahmen zur Effektivierung der Umweltge=
staltungsmassnahmen in historischen Stadtzentren auf=
gezeigt. -z-
IRB; Z 447
03/81-0751

-165-

STADTERNEUERUNG
STADTGESTALTUNG. Stadtzentrum. Wiederaufbau.
Kostenermittlung. Staedtebau.
Stadtentwicklungsplanung. Bauleitplanung. Bauwesen.
Sanierung. Stadtplanung. Gera. DDR.

Lorenz,Erika:
Ein Beitrag zur Methodik der komplexen staedtebaulichen Planung, Vorbereitung und Durchfuehrung der Umgestaltung von Stadtzentren am Beispiel der Stadt Gera. 2Baende. (dt.)
Weimar: Selbstverlag 1963. ca.260 S., Kt.,Abb.,Tab., Lit.
tech.Diss.; Hochschule fuer Architektur und Bauwesen Weimar 1963

Fuer die Stadt Gera wurden in den Jahren 1959/60 Planvorstellungen ueber den Neu- und Wiederaufbau des gesamten Stadtgebietes entwickelt (Flaechennutzungsplan). Die Autorin war bei diesen Planungen als Mitarbeiterin beteiligt. Sie beschreibt die spezielle Situation Geras und seines Baubestandes, welcher fuer die Umgestaltung des Zentrums abgerissen und durch Neubauten ersetzt wurde. Unter Auswertung dieser teilweise bereits realisierten Totalsanierung hat die Verfasserin versucht, den methodischen und zeitlichen Ablauf der Planung, Vorbereitung und Durchfuehrung mit den notwendigen Terminen auf der Grundlage der damaligen gesetzlichen Bestimmungen der DDR darzustellen.
ed/difu
DIFUB
SEBI; 73/1866-1,2-4
DI/81-1338

-166-

RAUMSTRUKTUR

ERHEBUNG/ANALYSE. Zentrenuntersuchung.
Zentrenplanung. Staedtebau. Stadtplanung.
Rechtsvergleichung. Berlin/West. BLN. Berlin/Ost. DDR.

Heineberg,Heinz:
Zentren in West- und Ost-Berlin. Untersuchungen zum Problem der Erfassung und Bewertung grossstaedtischer funktionaler Zentrenausstattungen in beiden Wirtschafts- und Gesellschaftssystemen Deutschlands. (dt.)
Hrsg.: Univ. Bochum, Geographisches Institut.
Paderborn: Schoeningh 1977. 206 S., Kt.,Abb.,Tab.,Lit.
Bochumer Geographische Arbeiten Bd.9.

Die Arbeit ist in sechs Kapitel aufgegliedert. Kapitel I bringt eine Einfuehrung in Untersuchungsziele und Methoden geographischer Zentrenuntersuchungen. Kapitel II ist dem Thema Genese und raeumlich-zeitliche Konsistenz der Zentrenausstattung Berlins gewidmet. Hier werden vor allem Hauptmerkmale der Zentrenausstattung Berlins vor dem 2. Weltkrieg und Kriegsauswirkungen aufgezeigt. Im dritten Kapitel wird das oekonomische System des Sozialismus und der sozialistische Staedtebau in der DDR behandelt. Kapitel IV steht unter dem Thema "Zentrenplanung und weitere Bedingungen fuer die Zentrenausstattung in West-Berlin nach dem 2. Weltkrieg. Im fuenften Kapitel werden funktionale Zentrenausstattungen in West- und Ost-Berlin erfasst und bewertet. Im letzten Kapitel werden empirische Untersuchungsergebnisse aufgezeigt.

DIFUB

SI; SEBI; 78/6034-4
DI/79-1183

-167-

STADTPLANUNG/STAEDTEBAU

ALLGEMEIN. Stadtentwicklungsplanung. Feudalismus.
Buergertum. Stadtplanung. Bauwesen. Sozialismus.
Greifswald. DDR.

Greifswald. (dt.)
Hrsg.: Biederstedt,Rudolf.
Rostock: VEB Hinstorff 1973. 176 S., Abb.

ohne Referat
SEBI; 74/2185
DI/79-4904

-168-

WIRTSCHAFT

STADTOEKONOMIE. Stadtgestaltung. Stadtumgestaltung. Ersatzbebauung. Einflussfaktor. Aufwendung. Inve= stition. DDR.

Kuenzel,Eberhard:
Betrachtungen zur Oekonomie der sozialistischen Umgestaltung unserer Staedte. (dt.)
Wiss.Z.Hochsch.Archit.u.Bauw., Weimar 26(1979)Nr.6, S.

ohne Referat
IRB; Z 447
03/81-3158

-169-

WISSENSCHAFT/GRUNDLAGEN

GESCHICHTE. Stadt. Wirtschaft. Klassenkampf. Kommunalpolitik. Planwirtschaft. Rekonstruktion. Staedteplanung. Sozialinfrastruktur. Halle. DDR.

Koennemann,Erwin:
Halle. Geschichte der Stadt in Wort und Bild. (dt.)
Berlin/Ost: Deutscher Verlag der Wissenschaften 1979.
181 S., Abb.,Lit.

Die Autoren haben sich bemueht, die Geschichte der Stadt in allen historischen Epochen als Bestandteil national- und weltgeschichtlicher Prozesse darzustellen. Die 1000jaehrige alte Saalestadt gehoert zu den traditionsreichsten Grossstaedten der DDR. Als Ergebnis des Kampfes der revolutionaeren Arbeiterbewegung erhaelt auch die Tradition Halles als mittelalterliche Salz- und Handelsstadt, deren Verbindungen nach allen europaeischen Laendern reichten, als angesehene Universitaets- und Schulstadt, von der vor allem zur Zeit der Aufklaerung eine besondere Ausstrahlung auf die Laender Ost- und Suedosteuropas ausging, und als industrielle Grossstadt, unter den Bedingungen der fortschreitenden sozialistischen oekonomischen Integration eine neue historische Qualitaet. kf/difu

DIFUB

SEBI; 81/3133-F4
DI/81-1840

-170-

STADTPLANUNG/STAEDTEBAU

WETTBEWERB. Bebauungsplanung. Stadtstruktur. An=
bindung. Erschliessung. Freiraumplanung. Neubau=
gebiet. Wohnform. Dresden. Cottbus. DDR.

Lasch,Rudolf; Linke,Harald; Burggraf,Horst; Raeder,
Joerg:
Staedtebauliche Wettbewerbe als Gegenstand von
Forschung und Lehre sowie als Beitrag zur Planung von
Neubauwohngebieten. Tl.8. Bericht ueber weitere
staedtebauliche Planungsarbeiten. (dt.)
Wiss.Z.Tech.Univ.Dres. 29(1980)Nr.2, S.587-597, Abb.,
Tab.,Lit.

Die im Rahmen staedtebaulicher Wettbewerbe ausgear=
beiteten Bebauungsstudien sind hinsichtlich ihrer
Problemstellung, als auch ihrer Problemloesung weit=
gehend vergleichbar. Planungsziele waren die ratio=
nelle Nutzung durch das Erreichen hoher Einwohner=
dichten in verschiedenen Wohnformen, die Nutzung
naturraeumlicher Ressourcen, eine der Topographie
entsprechende Baustruktur und ein abgestimmtes
System von Freiraumbereichen. kb
IRB; Z 776
04/81-0689

-171-

STADTPLANUNG/STAEDTEBAU
VERKEHR. Stadttechnik. Kennzahl. Energieversorgung.
Berlin/Ost. Magdeburg. Dresden. Halle. Erfurt. DDR.

Baerthel,Hilmar:
Verkehr und Stadttechnik. Kennzahlen. (dt.;Ref.engl., franz.,russ.)
Hrsg.: Deutsche Bauakademie zu Berlin, Institut fuer Staedtebau und Architektur.
Berlin/Ost: Selbstverlag 1972. 88 S., Kt.,Abb.,Tab.
Schriftenreihen der Bauforschung, Reihe Staedtebau und Architektur, H.35.

Das Heft enthaelt Bedarfs-, Material- und Kostenkennzahlen, denen die gueltigen Standards und Preisbestimmungen auf der Grundlage der III. Etappe der Industriepreisreform zugrunde gelegt sind. Soweit gueltige Bestimmungen im Einzelfall fehlten, wurden Erfahrungswerte aus der Praxis eingesetzt. Im I. Teil werden die Kennzahlen von 8 neuen Wohngebieten in verschiedenen Staedten der DDR erfasst und jeweils auf einen Einwohner, eine Wohnungseinheit und auf einen ha Bruttoflaeche bezogen. Die Wohngebiete wurden nach Bebauungsdichten und -arten, Geschosszahlen und Einwohnerdichten ausgewaehlt. Der II. Teil konzentriert sich auf Hauptnetze und Anlagen des Verkehrs und der Stadttechnik und enthaelt Kostenkennzahlen fuer strukturell bestimmende Trassen und staedtische Anlagen. gk/difu DIFUB
SEBI; 73/1678-4
DI/80-0138

-172-

STADTERNEUERUNG

STADTGESTALTUNG. Fussgaengerbereich. Strassenraum. Fassadengestaltung. Freiraumplanung. Farbgebung. Lichtgestaltung. Innenraum. Werbung. Potsdam. DDR.

Koelling,Hans Joachim:
Bildende Kunst im Strassenraum. Zusammenarbeit von Architekten und bildenden Kuenstlern bei der Rekonstruktion der Klement-Gottwald-Strasse in Potsdam. (dt.;Ref.engl.,franz.,russ.)
Archit.DDR 29(1980)Nr.11, S.670-679, Abb.

Der Autor legt am Beispiel eines Fussgaengerbereiches in Potsdam, der rekonstruierten Klement-Gottwald-Strasse, die Moeglichkeiten der komplexen Gestaltung eines Strassenraumes dar. Durch die Zusammenarbeit von Auftraggebern, Architekten und bildenden Kuenst= lern nach einer einheitlichen Gestaltungskonzeption fuer Fassaden- und Freiraumgestaltung, Farb- und Lichtgestaltung, Innenraumgestaltung und Werbung sind dabei interessante kuenstlerische Leistungen und ein von den Buergern anerkanntes Gesamtergebnis erzielt worden. -z-
IRB; Z 486
04/81-3545

-173-

STADTPLANUNG/STAEDTEBAU

STADTGESTALTUNG. SANIERUNG. Baudenkmal. Altstadt. Umgestaltung. Umfunktionierung. Halberstadt. DDR.

Schoene,Rainer:
Umgestaltung in der Altstadt von Halberstadt. (dt.; Ref.engl.,franz.,russ.)
Archit.DDR 29(1980)Nr.11, S.656-659, Abb.

Im Altstadtbereich von Halberstadt befinden sich einige auch im DDR-Massstab bedeutende bautechnische Ensembles, die es gilt, als Baudenkmale zu erhalten bzw. ihnen neue Funktionen im Stadtganzen zu zuordnen. In den Erdgeschosszonen dienen diese Gebaeude vornehm= lich als gastronomische und Dienstleistungseinrich= ungen, waehrend die massstaeblich erhaltenen Oberge= schosse meistens als Wohnungen genutzt werden. Das staedtebaulich bedeutende Fachwerkgebaeude St. Florian dient als Hotel. Staedtebaulich besonders interessant ist die Ladenzone in der Gerberstrasse. Ueber Bauwei= sen und Stadttechnik werden Angaben gemacht. -y-
IRB; Z 486
04/81-3541

-174-

STADTPLANUNG/STAEDTEBAU

STADTTEILPLANUNG. WOHNEN. Wohnbebauung. Zentrums=
naehe. Nachfolgeeinrichtung. Wohnqualitaet. Bei=
spiel. Lageplan. Halberstadt. DDR.

Wohlmann,Rudolf:
Staedtebauliche Planung zentrumsnaher Wohngebiete in
Halberstadt. (dt.;Ref.engl.,franz.,russ.)
Archit.DDR 29(1980)Nr.11, S.653-655, Abb.

In Halberstadt ist die Moeglichkeit gegeben, auf
relativ grosse Flaechen, die zentrumsnah sind, Wohn=
komplexe mit den erforderlichen Nachfolgeeinrichtungen
zu planen und zu realisieren. Besonders reizvoll ist
dabei, eine staedtebauliche Einheit von alt und neu
herzustellen. Am Beispiel des Hermann-Matern-Rings,
des Clara-Zetkin-Rings sowie des Wohnkomplexes "Wil=
helm Pieck" erkennt man an den Planungen, wie es die
Architekten verstehen, die Ansprueche an eine moderne
Wohnqualitaet mit dem Vorzug der Zentrumsnaehe zu ver=
binden. -y-

IRB; Z 486
04/81-3542

-175-

STADTPLANUNG/STAEDTEBAU

STADTGESTALTUNG. Altstadt. Gebaeude. Rekonstruk=
tion. Umgestaltung. Ensemblewirkung. Baudenkmal.
Bauluecke. Stralsund. DDR.

Janzen,Ulrich; Schultz,Horst:
Lueckenschliessung in der Altstadt von Stralsund.
(dt.;Ref.engl.,franz.,russ.)
Archit.DDR 29(1980)Nr.11, S.664-669, Abb.

In der Altstadt von Stralsund wurden die Haeuser Alter
Markt 12 und Frankenstrasse 4/5 auf der Basis eines
von einem Entwurfskollektiv erarbeiteten Projektes
vollstaendig rekonstruiert bzw. umgestaltet. Dabei
wurde besonders darauf geachtet, diese Gebaeude mass=
staeblich in die staedtebauliche Situation einzuord=
nen und durch zurueckhaltende Gestaltungselemente die
bauhistorische Bedeutung dieses Ensembles zu unter=
streichen. Die wichtigsten Abmessungen und Daten sind
angegeben. -y-

IRB; Z 486
05/81-0436

-176-

STADTERNEUERUNG

BAUSUBSTANZ. DENKMALSCHUTZ. MODERNISIERUNG. SANIE=
RUNG. Stadtgestaltung. Wohnen. Fussgaengerstrasse.
Bauplanung. Wohngebaeude. Einkaufszentrum. Verkehr.
Karl-Marx-Stadt. DDR.

Beuchel,Karl Joachim:
Modernisierung und Umgestaltung des
Arbeiterwohngebietes "Bruehl" in Karl-Marx-Stadt.
(dt.;Ref.engl.,franz.,russ.)
Archit.DDR 29(1980)Nr.10, S.594-601, Abb.,Lagepl.,
Grundr.

Die staedtebauliche Planung zur Modernisierung und
Umgestaltung des Wohngebietes "Bruehl" ging davon
aus, die baulich einwandfreie Wohnsubstanz weitgehend
zu erhalten. Ferner entstand in diesem Gebiet ein Ein=
kaufszentrum, und die Strasse Bruehl wurde zu einer
Fussgaengerzone. Die ehemalige Hinterhoefe mit ihren
Schuppen und anderen Gebaeuden wurden in Gruen=
flaechen, Spielplaetze usw. umgewandelt, erhaltens=
werte Hofbauten in die Modernisierung einbezogen. Bei
den Gebaeuden der Gruenderzeit wurden die Fassaden
von bauphysikalischen Schaeden befreit. Modernisiert
wurden ausser den Wohngebaeuden auch zwei Schulen.
Geplant ist der Bau eines erdgeschossigen Pavillons
fuer Einrichtungen des Handels und des Gaststaetten=
wesens. ub
IRB; Z 486
05/81-3520

-177-

STADTPLANUNG/STAEDTEBAU

STADTENTWICKLUNGSPLANUNG. Stadtentwicklung.
Staedtebau. Leipzig. DDR.

Leipzig, Stadtplanung - Stadtentwicklung. (dt.)
Bearb.: Siegel,Horst.
Hrsg.: Leipzig, Buero des Chefarchitekten.
Leipzig: 1977. 63 S., Kt.,Abb.

Leiter und Mitarbeiter des Bueros des Chefarchitekten
Leipzig stellen ihre Arbeitsergebnisse vor. Die
Darstellung der verwirklichten Projekte, die Plaene
und Dokumentationen widerspiegeln den Aufbau der
entwickelten sozialistischen Gesellschaft der DDR,
zeigen Erreichtes und vermitteln erste Eindruecke von
der weiteren Entwicklung der Stadt. ew/difu DIFUB
SEBI; 79/884
DI/79-6171

-178-

STADTPLANUNG/STAEDTEBAU

STADTENTWICKLUNGSPLANUNG. Trabantenstadt.
Neubaugebiet. Infrastrukturplanung.
Infrastrukturangebot. Stadtplanung. Wohnungswesen.
Partei. Halle-Neustadt. DDR.

Fakten und Zahlen - Halle-Neustadt zwischen zwei Parteitagen 1971-1975. (dt.)
Bearb.: Isbaner,Gertrud.
Hrsg.: Halle-Neustadt, Stadtrat, Abt. Kultur.
Halle-Neustadt: Selbstverlag 1975. ca. 25 S., Kt., Abb.,Tab.

Die reichlich bebilderte Broschuere gibt einen Ueberblick ueber den bisherigen Aufbau von Halle-Neustadt, das bis 1980 zur Grossstadt werden soll. Westlich der Bezirkshauptstadt Halle wurden seit der Grundsteinlegung der Chemiearbeiterstadt insgesamt 26000 Neubauwohnungen sowie mehrere Internate fuer Studenten, Lehrlinge und Arbeiter fertiggestellt. Im Rahmen des Wettbewerbs "Schoener unser Halle-Neustadt - mach mit" wurden Kinderspielplaetze, Gemeinschaftsbauten und Gruenanlagen geschaffen, gestaltet und gepflegt. Auch auf den Gebieten Gesundheitswesen, Volksbildung, Handel und Dienstleistungen sowie Kultur und Sport vollzog sich eine kontinuierliche Entwicklung. Bis 1978 soll der Wohnungsbau abgeschlossen sein; mit der Fertigstellung des Stadtzentrums wird fuer 1980 gerechnet. bp/difu

DIFUB
SEBI; 79/796
DI/80-0929

-179-

BAUERHALTUNG

INSTANDSETZUNG. MODERNISIERUNG. NUTZUNG. Histo=
risches Gebaeude. Rekonstruktion. Erhaltung.
Greifswald. Mecklenburg. DDR.

Hueller,Helga; Loui,Karl-Heinz; Felz,Achim; Mohr,
Frank; Richardt,Gerhard; Hahn,Ulrich; Paetow,Reinhold;
Merz,Dieter; Matz,Volker:
Forschungsvorhaben in Greifswald. Zur Rekonstruktion
und Erneuerung eines innerstaedtischen Wohngebietes in
Greifswald. - Staedtebaulich-architektonische
Gestaltung bei der Umgestaltung eines Altstadtgebietes
in Greifswald. Zu einigen oekonomischen Ueberlegungen
in Auswertung des Greifswalder Experiments. - Zur
Technologie und Baudurchfuehrung im Experiment
Greifswald. (dt.;Ref.engl.,franz.,russ.)
Archit.DDR 30(1981)Nr.5, S.282-301, Abb.,Tab.,Lit.,
Modelldarst.,Lagepl.,Grundr.,Ans.,Schn.

Loesungswege, um Quartiere mit teilweise vorhandener
historischer Bebauung mit Neubauten wieder zu komplet=
tieren. Die rationelle Plattenbauweise wurde den spe=
ziellen Anforderungen angepasst, ihre Elemente so ge=
staltet, dass sie sich in die Altbaustruktur einfueg=
ten. Ist auch der Bauaufwand groesser als bei Neubau=
ten ausserhalb der Stadt, so ist wegen der Nutzung
vorhandener Infrastruktur und Einsparung an Bauland
das Forschungsprojekt positiv zu bewerten. ba
IRB; Z 486
01/82-4013

-180-

STADTPLANUNG/STAEDTEBAU

BEBAUUNGSPLANUNG. STADTTEILPLANUNG. STADTGESTAL=
TUNG. Investitionsplanung. Bebauungsdichte. Er=
schliessung. Bauaufwand. Berlin. Erfurt.
Karl-Marx-Stadt. Leipzig-Gruenau. Magdeburg. DDR.

Pfau,Wilfried:
Stand und Tendenzen bei der staedtebaulichen Planung
und Gestaltung von Bebauungskonzeptionen fuer
Neubauwohngebiete. (dt.;Ref.engl.,franz.,russ.)
Archit.DDR 30(1981)Nr.5, S.265-271, Abb.

ohne Referat
IRB; Z 486
01/82-3940

-181-

STAEDTEBAU

GESTALTUNG. SANIERUNG. Fussgaengerzone. Modernisie= rung. Denkmalpflege. Dresden. Sachsen. DDR.

Michalk,Heinz:
Der Fussgaengerboulevard "Strasse der Befreiung" in Dresden. (dt.)
Archit.DDR 30(1981)Nr.4, S.209-211, Abb.,Stadtpl., Isometr.

ohne Referat
IRB; Z 486
01/82-4109

-182-

ARCHITEKTUR

WOHNGEBAEUDE. Neubau. Modernisierung. Sanierung. Magdeburg. Magdeburg. DDR.

Ungewitter,Fritz; Kirsch,Karin; Kamper,Bodo:
Wie stellen wir uns im Bezirk Magdeburg auf die Anforderungen an den Wohnungsbau in den 80er Jahren ein? (dt.;Ref.engl.,franz.,russ.)
Archit.DDR 30(1981)Nr.5, S.272-277, Abb.,Modelldarst.

ohne Referat
IRB; Z 486
01/82-4016

-183-

WISSENSCHAFT/GRUNDLAGEN

DOKUMENTATION. STATISTIK. Datenbank. Datenerfas= sung. Datenverarbeitung. Staedtebau. Flaeche. Nut= zung. Gebaeude. Wohnung. EDV. Kosten. DDR.

Autorenkollektiv Peter Gromes, Rudolf Spiegel, Jobst Zander:
Beitraege zur Territorialen Datenbank. 4 Register des Staedtebaus fuer eine Territoriale Datenbank. (dt.; Ref.engl.,franz.,russ.)
Hrsg.: Bauakademie der DDR, Institut fuer Staedtebau und Architektur, Berlin.
Berlin/Ost: Deutsche Bauinformation 1974. 61 S., Abb., Tab.,Lit.
= Schr.d.Bauforschung, Rh.Staedtebau u.Architektur, H.59.

Fuer den Staedtebau wurde eine Datenbank mit 4 Regi= stern mit Daten der Flaechen, der Gebaeude, der Woh= nungen und der Wohnraumbelegung entwickelt und in ueber 30 Staedten der DDR eingefuehrt und genutzt. Nach 5jaehriger Erprobung werden die technisch-organi= satorische Vorbereitung, der Aufbau und die Anwendung der Datenbank zusammenfassend dargestellt: Organisa= tionsloesung, Erfassung und Speicherung der Daten so= wie Datenbereitstellung; Erlaeuterung ausgewaehlter Begriffe; Beschreibung der Moeglichkeiten der Kombi= nation und Aggregation bei der Datenabfrage (Demon= stration an einem Beispiel); Kosten fuer den Aufbau der Datenbank in einer Stadt mit 50000 Einwohnern.

mur/ILS

ILS; A 57/59
02/82-4120

-184-

STADTPLANUNG/STAEDTEBAU

STADTENTWICKLUNGSPLANUNG. Planung. Ideologie. Leitbild. Nachkriegszeit. Wiederaufbau. Bedingung. Architekt. Stadtbaukunst. Gesellschaft. Entwick= lungsstand. Beispiel. DDR.

Machule,Dittmar; Stimmann,Hans:
Auf der Suche nach der Synthese zwischen heute und morgen. Zum Staedtebau der Nachkriegszeit in der DDR. (dt.)
Bauwelt 72(1981)Nr.48(Stadtbauwelt, Nr.72), S.2165. 383-2172.390, Abb.,Lit.

Bedingt durch das Informationsdefizit ueber Architek= tur und Staedtebauentwicklungen in der DDR, wird in der Bundesrepublik immer noch davon ausgegangen, dass die DDR westliche Planungsleitbilder (Stadtbaukunst, Blockrandbebauung, Stadtreparatur, Regionalismus) auf= arbeitet. Die Autoren gehen jedoch von Thesen aus, dass im Hinblick auf die fruehe Verbindung von Archi= tektur und Staedtebau, die Einbeziehung politischer Fragen in die Stadtplanung und die Anknuepfung an tra= ditionelle Bauformen in den 50er Jahren, zumindest ein vergleichbarer Entwicklungsstand besteht. Diese Thesen werden am Beispiel der Stadtentwicklungen von Eisen= huettenstadt, Neubrandenburg und Dresden belegt. za
IRB; Z 36
04/82-0013

-185-

STADTPLANUNG/STAEDTEBAU
ALLGEMEIN. Stadtmitte. Zentrum. Geteilte Stadt.
Geschichte. Entwicklung. Stadtteilentwicklung. IBA.
Verkehr. Bebauung. Berlin. Bundesrepublik Deutschland.
DDR.

Hoffmann-Axthelm,Dieter:
Berliner Zentrum. (dt.)
Bauwelt 72(1981)Nr.48(Stadtbauwelt, Nr.72), S.2175.
393-2185.403, Abb.

Die Mitte der Stadt Berlin ist mehr als ein in Flae=
chennutzungsplaenen ausgewiesener geographischer Ort.
Sie bildet zum einen das aus den Zentren beider Stadt=
teile (Ost und West) bestehende zentrale Innenstadtge=
biet; zum anderen sind in der Mitte trotz der "Nie=
mandsland-Situation" geschichtliche Zusammenhaenge
erkennbar, die eine moegliche Zukunft beider Stadt=
teile offenhaelt. Im Beitrag wird der Versuch einer
deskriptiven Annaeherung an das geographische Zentrum
unternommen, wobei sowohl historische Bezuege
(NS-Standorte, 17.Juni, Mauerbau) als auch kuenftige
Planungsvorstellungen (IBA, Stadtumbau) in die Be=
trachtungen einbezogen werden. za

-186-

STADTPLANUNG/STAEDTEBAU

FLAECHENNUTZUNGSPLANUNG. Bauland. Baulandbeschaf=
fung. Nutzungszweck. Sozialisierung. Bodennutzung.
Nutzungsrecht. Volkseigentum. Grundstueck. Bauwe=
sen. Bodenrecht. Bauplanungsrecht. Theorie. DDR.

Rohde,Guenther:
Die Baulandbeschaffung. (dt.)
Berlin/Ost: Staatsverlag der DDR 1966. 244 S., Reg.
jur.Habil.; Humboldt-Univ. Berlin/DDR 1964

"Mit der Zunahme der Investitionen, einem charakteristischen Merkmal des umfassenden Aufbaus des Sozialismus, steigt auch die volkswirtschaftliche Bedeutung des Baulandes, seiner rationellen Bereitstellung und Bebauung." Der Verfasser verfolgt nach seinen eigenen Angaben mit der Arbeit zwei Ziele: er versucht, die Baulandbeschaffung als eine spezifische Form und zugleich als wichtiges Mittel zur Durchsetzung des "gesetzmaessigen Prozesses" der Vergesellschaftung der Bodennutzung darzustellen, und er will die oekonomischen und politischen Auswirkungen der Baulandbeschaffung aufzeigen. In der Arbeit werden aus der Untersuchung der verschiedenen Eigentumsformen am Grund und Boden Schlussfolgerungen fuer die Hauptwege der Bereitstellung des Baulands gezogen. Auf der Grundlage der gewonnenen Ergebnisse werden Vorschlaege zur Verwirklichung des sozialistischen Rechts der Baulandbeschaffung unterbreitet. chb/difu DIFUB

SEBI; Bg 563
DI/81-2795

-187-

STADTPLANUNG/STAEDTEBAU

PLANUNGSPROZESS. Kybernetik. Mathematik. Statistik. Prognose. Planungstheorie. Methode. Theorie. Hilfsmittel. Regionalplanung. Dessau. DDR.

Schlesier,Karlheinz:
Zur Anwendung kybernetischer und mathematischer Methoden in Staedtebau und Stadtplanung. 3 Baende. (dt.)
Weimar: Selbstverlag 1965. 260 S., Kt.,Abb.,Tab.,Lit.
tech.Diss.; Hochsch. f. Architektur u. Bauwesen Weimar 1965

Der Autor ist bemueht, erstmals in den Planungsablauf sozialistischer Planwirtschaft kybernetische Systemvorstellungen und deren mathematische Methoden fuer die regional- und staedteplanerischen Belange der sozialwissenschaftlichen und technischen Fachdisziplinen einzufuehren. Daher wird in einem - nur aus dem historischen Kontext verstaendlichen - Vorlauf der gesamte Begriffsapparat der Kybernetik erlaeutert und eine Begruendung fuer diesen Ansatz geliefert, welche fast die Haelfte der Arbeit einnimmt. Spaeter wird ein kybernetisches Konzept fuer die Disziplin Staedtebau entwickelt, welches den theoretischen Rueckstand gegenueber korrespondierenden Fachdisziplinen aufholen soll. In speziellen Abhandlungen im Anhang werden Ausfuehrungen zur Regionalstatistik und zum Prognoseverfahren im Staedtebau vorgestellt. ed/difu

DIFUB

SEBI; 76/5922-1,2,3-R
DI/81-2955

-188-

STADTERNEUERUNG

STADTGESTALTUNG. SANIERUNG. Stadtplanung. Umgestal=tung. Planungsprozess. Altbaugebiet. Planungsgrund=lage. Bauerhaltung. Buergerbeteiligung. DDR.

Gerlach,Peter:
Grundlagen zur staedtebaulichen Planung der Umgestaltung von Altbaugebieten. (dt.)
Bauinform.Wissensch.u.Tech. 24(1981)Nr.4, S.5-7

ohne Referat
IRB; Z 1266
03/82-3841

-189-

STADTPLANUNG/STAEDTEBAU
ALLGEMEIN. Bebauungsplanung.
Stadtentwicklungspolitik. Zentrum.
Stadtentwicklungsplanung. Bauleitplanung.
Territorialplanung. Magdeburg. Leipzig. Merseburg.
Berlin. DDR.

Generalbebauungsplan der Staedte der Deutschen Demokratischen Republik. Ein Beitrag zur prognostisch begruendeten hocheffektiven Strukturpolitik. 2. Aufl. Fachtagung der Zentralen Fachgruppe "Gebiets-, Stadt- und Dorfplanung" des BDA 1969. (dt.;Ref.engl.,franz., russ.)
Bearb.: Scholz,Hubert.
Hrsg.: Deutsche Bauakademie zu Berlin.
Berlin/Ost: Selbstverlag 1970. ca.50 S., Abb.,Lit.
Schriftenreihen der Bauforschung, Reihe Staedtebau und Architektur; 29.

Ziel der Tagung war es, die Aufgaben zu kennzeichnen, die dem Staedtebau aus der Durchfuehrung einer wirksamen volkswirtschaftlichen Strukturpolitik und aus der aktiven Rolle der Staedte im gesellschaftlichen Reproduktionsprozess der DDR erwachsen. Daneben wurden Erfahrungen aus der staedtebauliche Praxis in verschiedenen Teilen der DDR ausgetauscht und die Ergebnisse des im Vorjahr ausgeschriebenen Wettbewerbs ausgewertet. Im einzelnen wurden besonders die Probleme bei der Gestaltung von Stadtzentren, bei der Verkehrsplanung, im Tiefbau sowie der territorialen Entwicklungsmoeglichkeiten der Staedte behandelt.
bp/difu DIFUB
SEBI; 71/1140-4
DI/81-3627

-190-

STADTPLANUNG/STAEDTEBAU
STANDORTPLANUNG. WOHNEN. Eigenheim. Wohnsiedlung.
Eigenheimgruppe. Standortreserve. Stadtumland.
Dorflage. Frankfurt a.d.Oder. DDR.

Vagler,Manfred:
Standortplanung fuer den Neuabau von Eigenheimen in Frankfurt/Oder. (dt.;Ref.engl.,franz.,russ.)
Archit.DDR 30(1981)Nr.11, S.657-663, Abb.

ohne Referat
TUW; IRB; Z 486
04/82-4202

-191-

ARCHITEKTUR

INDUSTRIEGEBAEUDE. INDUSTRIEANLAGE. Umweltgestaltung. Kleinarchitektur. Stadtmoeblierung. Eingangsbauwerk. Landschaftsarchitektur. Kunst am Bau. DDR.

Just,Eberhard:
Komplexe Stadtgestaltung und Industriearchitektur. (dt.)
Archit.DDR 30(1981)Nr.10, S.629-632, Abb.

ohne Referat
TUW; IRB; Z 486
04/82-3665

-192-

STADTPLANUNG/STAEDTEBAU

STADTGESTALTUNG. Stadtumwelt. Architektur. Kunst. Gestaltungselement. Massnahme. Planung. DDR.

Flierl,Bruno:
Komplexe Gestaltung der Stadtumwelt. Bestrebungen und Probleme. (dt.;Ref.engl.,franz.,russ.)
Archit.DDR 30(1981)Nr.10, S.594-596, Lit.

ohne Referat
TUW; IRB; Z 486
04/82-4204

-193-

STADTPLANUNG/STAEDTEBAU

INFRASTRUKTUR. WOHNEN. Gemeinschaftseinrichtung. Projektierungsrichtlinie. Schule. Sportanlage. Kaufhalle. Ambulatorium. Gaststaette. Freizeitein=richtung. Bedarf. Wohnsiedlung. DDR.

Prendel,Werner:
Projektierungsrichtlinien fuer Gemeinschaftseinrichtungen im komplexen Wohnungsbau. (dt.)
Archit.DDR 30(1981)Nr.11, S.646-648, Abb..Tab.,Lit.

Die mit den Beschluessen der 7.Baukonferenz des ZK der SED sowie weiterer Gremien der DDR gegebene Orientie=rung in der Wohnbauinvestition war Anlass, das der Projektierung von Gemeinschaftseinrichtungen zugrunde liegende Vorschriftenwerk zu ueberpruefen, was in der Herausarbeitung dreier Aspekte (Konstanz des Aufwands im Schulbau, Rationalisierungseffekt z.B. bei Feier=abendheimen, geringe Abweichung von Aufwandsnormativen z.B. beim Schulbau) muendete. Die Hoffnung, dass die Projektierungsrichtlinien ganz allgemein der Foerde=rung des sozialistischen Bauens dienen, wird ausge=sprochen. -FGW-
TUW; IRB; Z 486
04/82-4203

-194-

STADTPLANUNG/STAEDTEBAU

STADTGESTALTUNG. Architektur. Kunst. Plastik. Denk=mal. Blickbeziehung. DDR.

Karl,Rainer:
Architekturbezogene Kunst muss wirksamer werden. Erfahrungen und Erkenntnisse aus der Praxis. (dt.;Ref. engl.,franz.,russ.)
Archit.DDR 30(1981)Nr.10, S.587-593, Abb.

ohne Referat
TUW; IRB; Z 486
04/82-4205

-195-

STADTPLANUNG/STAEDTEBAU

STADTGESTALTUNG. STADTTEILPLANUNG. Umweltgestal=
tung. Zielsetzung. Bebauungskonzept. Freiflaechen=
gestaltung. Ausstattung. Planung. Magdeburg. DDR.

Kluegel,Siegfried:
Zur komplexen Gestaltung des Wohngebietes
Magdeburg-Olvenstedt. (dt.;Ref.engl.,franz.,russ.)
Archit.DDR 30(1981)Nr.10, S.614-617, Abb.,Tab.

Im Rahmen der Planung und Realisierung der einzelnen
Bauabschnitte des Wohngebiets Magdeburg-Olvenstedt
wurden zielgerichtet neue Loesungen fuer die komplexe=
re Umweltgestaltung geprobt. Eine Arbeitsgruppe, in
der u.a. Architekten, bildende Kuenstler und Farbge=
stalter vertreten waren, entwickelte eine generelle
gesellschaftspolitische Zielsetzung fuer die komplexe
Umweltgestalung des Wohngebiets. -z-
TUW; IRB; Z 486
04/82-4207

-196-

RAUMSTRUKTUR

STADTREGION. Stadtentwicklung. Bevoelkerungsent=
wicklung. Wirtschaftsentwicklung. Produktionsver=
haeltnis. Sozialismus. Lebensniveau. Infrastruktur.
Stadtplanung. Stadtentwicklungsplanung. Berlin. DDR.

Zur Entwicklung der Hauptstadt der DDR. Berlin
1976-1980. Material zur 14.Bezirksdelegiertenkonferenz
Berlin der Sozialistischen Einheitspartei Deutschlands
am 14. und 15.Februar 1981. (dt.)
Bearb.: DDR, Staatliche Zentralverwaltung fuer
Statistik, Bezirksstelle Berlin.
Berlin: Selbstverlag 1981. 144 S., Abb.,Tab.

In dieser Broschuere wird die Bilanz der Hauptstadt
der DDR, Berlin, von 1976-1980 gezogen. Es wird von
Berlin als der aufstrebenden Stadt gesprochen, in der
ausgehend vom Programm der SED viel geleistet wurde,
um dem Sinn des Sozialismus zu entsprechen. Bei der
Darstellung der Entwicklung in den verschiedensten
Lebensbereichen enthaelt das Handbuch auch Hinweise
zum Wohnungsbau und den Schwerpunkten des
Wohnungsneubaus sowie der Modernisierung. geh/difu
DIFUB

SEBI; 81/5492
DI/81-4557

-197-

STAEDTEBAU

VERSORGUNG. INFRASTRUKTUR. Altbaugebiet. Umgestal=
tung. Trasse. Ersatztrasse. Freihaltetrasse. Stadt=
technik. Anwendungstechnik. DDR.

Forberg,Gerhard:
Ersatz- und Freihaltetrassen in Umgestaltungsgebieten.
(dt.)
Bauztg. 35(1981)Nr.11, S.572-575, Abb.,Lit.

Bei der Modernisierung und Umgestaltung von Altbauge=
bieten werden Eingriffe in die vorhandene ober- und
unterirdische Substanz notwendig, die vielschichtige
Probleme ausloesen. Die Moeglichkeit der Weiternutzung
stadttechnischer Anlagen durch die gezielte Vorberei=
tung und Anwendung von Ersatz- und Freihaltetrassen
werden am Beispiel eines Umgestaltungsgebietes erlaeu=
tert.
mr

IRB; Z 381
05/82-3766

-198-

UEBERFACHBEREICH

ARCHITEKTUR. STAEDTEBAU. Staedtebaupolitik. DDR.

Ackermann,Manfred:
Architektur und Bauwesen in der Diskussion. (dt.)
Dtld.Arch., Koeln 14(1981)Nr.6, S.603-608, Lit.

ohne Referat
BfLR; Z 109
07/82-3449

-199-

WISSENSCHAFT/GRUNDLAGEN

PLANUNGSTHEORIE. Stadtplanung. Staedtebau. Archi=
tektur. Ideologie. DDR.

Werner,Frank:
Stadt, Staedtebau, Architektur in der DDR. Aspekte der
Stadtgeographie, Stadtplanung und Forschungspolitik.
(dt.)
Hrsg.: Institut fuer Gesellschaft und Wissenschaft
-IGW-, Erlangen.
Erlangen: Verl.Dt.Ges.f.zeitgeschichtl.Fragen 1981.
275 S., Abb.,Tab.,Lit.
DM 22,-
Foerd.: Institut fuer Gesellschaft und Wissenschaft
-IGW-, Erlangen.
Vertrieb durch den Hrsg.

Staedte veraendern sich in der zweiten Haelfte des 20.
Jahrhunderts nicht allein aufgrund der Entscheidungen
wirtschafticher und sozialer Gruppen, sondern auch
aufgrund vorhergehender, forschender Suche nach den
Entscheidungsgrundlagen. Das gilt besonders fuer die
stadtstrukturell wichtigsten Teile, wie Grossstand=
orte, Nutzungsdisaggregierungen, Verkehrsstrukturen
usw. Diese weitgespannte Zusammenhaenge zwischen Rea=
litaet und deren Reflektion sind nur selten in klaren
Wirkungsketten zu verbinden. Am einfachsten ist die
Abhaengigkeit der Dichte von den entsprechenden Zielen
und deren Ableitung aus der Reflektion der mitteleuro=
paeisch-kapitalistischen Stadt und spaeter der Kosten=
erkenntnisse darzulegen. Ein genereller Zusammenhang
zwischen gezielt gesuchter marxistischer Erkenntnis,
Leitbildern und Realitaet der sozialistischen Stadt
ist aber nur als erkenntnisleitendes Interesse und
nicht als Theorie zu umreissen. -z-

-200-

STADTPLANUNG/STAEDTEBAU

RAHMENPLANUNG. Funktionsbeziehung. Verflechtungs=
beziehung. Gewerbe. Wohnen. Verkehr. Umgestaltung.
Stadtzentrum. Zentrum. Stadtstruktur. Dienstlei=
stung. Stadtgestaltung. DDR.

Kuenzel,Eberhard:
Der Einfluss der funktionell-kommunikativen Beziehun=
gen auf die Erzeugnisentwicklung fuer die sozialisti=
sche Umgestaltung der Stadtzentren. (dt.)
Wiss.Z.Hochsch.Archit.u.Bauw., Weimar 27(1980)Nr.5/6,
S.233-237, Lit.

Den funktionell-kommunikativen Beziehungen kommt bei
der sozialistischen Umgestaltung der Stadtzentren
durch die sich wandelnden hoeheren gesellschaftlichen
Ansprueche, insbesondere der weiteren Konzentration
von Wohnen und Einrichtungen des politischen und
geistig-kulturellen Lebens sowie der materiellen Ver=
sorgung und der Erholung grosse Bedeutung zu. Der hohe
Grad der Verflechtungsbeziehungen und reproduktiven
Bereiche wird besonders in Verbindung mit der Wohn=
funktion dargelegt, und es werden Anforderungen an die
bauliche Realisierung der sozialistischen Umgestaltung
der Stadtzentren gestellt. -z-

IRB; Z 447
09/82-0029

-201-

STADTPLANUNG/STAEDTEBAU

BAULEITPLANUNG. Bebauungsplanung. Generalbebauungs=
planung. Rahmenplanung. Stadtentwicklungsplanung.
Planungsgrundlage. Mittelstadt. Kleinstadt. DDR.

Bergelt,Karl; Huehnerbein,Inge:
Zum Stand und zur Praxiswirksamkeit der Generalbebau=
ungsplanung der Staedte. (dt.)
Wiss.Z.Hochsch.Archit.u.Bauw., Weimar 27(1980)Nr.5/6,
S.253-255

In Auswertung von Planungsmaterialien fuer langfri=
stige Entwicklung von 50 Kleinstaedten der DDR wird
versucht, das erreichte Niveau der langfristigen Pla=
nung der staedtebaulichen Entwicklung einzuschaetzen
und erste Schlussfolgerungen fuer die weitere Qualifi=
zierung und Erhoehung der Praxiswirksamkeit der Gene=
ralbebauungsplanung aufzuzeigen. Dabei wird insbeson=
dere auf Fragen der Gestaltung des Planungszeitraumes,
der Planungsgrundlagen und Moeglichkeiten einer in=
haltlichen und zeitlichen Differenzierung der Pla=
nungsergebnisse eingegangen. -z-

IRB; Z 447
09/82-0031

-202-

STADTERNEUERUNG

BAUSUBSTANZ. MODERNISIERUNG. SANIERUNG. KOSTEN.
Altbausubstanz. Sanierungsgebiet. Bautechnik.
Staedtebau. Wirtschaftlichkeit. Umgestaltung.
Fachbibliographie. DDR.

Umgestaltung der Altbausubstnz. Staedtebauliche, bau=
technische und oekonomische Aspekte. Spezielle Fach=
bibliographie Bauwesen B des Systems bauselectro=
nic 70. (dt.)
Bearb.: Becker,Grete.
Hrsg.: Bauakademie der Deutschen Demokratischen
Republik, Berlin/Ost.
Berlin/Ost: Bauakademie der DDR, Bauinformation 1975.
122 S., Lit.
= Spezielle Fachbibliogr.Bauw.B, R.Staedtebau u.
Archit. B 45.
MDN 10,60

ohne Referat
IRB; 64Umg
09/82-0984

-203-

STADTPLANUNG/STAEDTEBAU
ALLGEMEIN. FREIFLAECHENPLANUNG. Verkehrsplanung. Architektur. Gestaltung. Dorfplanung. Gebiets=planung. Sozialismus. Fachbibliographie. DDR.

Staedtebau und Architektur in sozialistischen Laen=dern. Spezielle Fachbibliographie Bauwesen B des Systems bauselectronic 70. (dt.)
Bearb.: Becker,Grete.
Hrsg.: Bauakademie der Deutschen Demokratischen Republik, Berlin/Ost.
Berlin/Ost: Bauakademie der DDR, Bauinformation 1974. 38 S., Lit.
= Spezielle Fachbibliogr.Bauw.B, R.Staedtebau u. Archit. B 26.
MDN 3,90

ohne Referat
IRB; 65Stae
09/82-0982

-204-

ARCHITEKTUR
ALLGEMEIN. Baugeschichte. Staedtebau. Stadtgestal=tung. Stadtplanung. Residenz. Koenig. Stadtschloss. Klassizismus. Stadtbaukunst. Potsdam. DDR.

Mielke,Friedrich:
Potsdamer Baukunst. Das klassische Potsdam. (dt.)
Frankfurt/Main: Propylaeen Verl. 1981. 515 S., Abb., Lit.
DM 280,-

Aufgezeigt wird die baugeschichtliche Entwicklung der Residenzstadt Potsdam unter dem gestaltgebenden Ein=fluss der einstigen preussischen Koenige und deren Baumeister wie Schinkel, Persius, Stueler oder Strack von den Anfaengen um 933 bis in das erste Jahrzehnt des 20. Jahrhunderts. Ein wesentlicher Bestandteil des Buches ist die Dokumentation der Bauten und Projekte vom Stadtschloss bis zum Pfoertnerhaus, von der Garni=sonskirche bis zum Maschinenhaus. Die Bauwerke werden in Grundriss, Aufriss und Ansicht dargestellt und in Stichworten beschrieben. Ein umfangreicher Tafelteil zeigt die in einer Bombennacht im April 1945 groess=tenteils zerstoerte Residenz in der Vergangenheit. ka
IRB; 17/Allg.Mie
09/82-0830

-205-

STADTPLANUNG/STAEDTEBAU

ALLGEMEIN. FREIFLAECHENPLANUNG. Verkehrsplanung. Architektur. Gestaltung. Dorfplanung. Gebietspla= nung. Sozialismus. Fachbibliographie. DDR.

Staedtebau und Architektur in sozialistischen Laen= dern. Spezielle Fachbibliographie Bauwesen B des Systems bauselectronic 70. (dt.)
Bearb.: Becker,Grete.
Hrsg.: Bauakademie der Deutschen Demokratischen Republik, Berlin/Ost.
Berlin/Ost: Bauakademie der DDR, Bauinformation 1973.
104 S., Lit.
= Spezielle Fachbibliogr.Bauw.B, R.Staedtebau u. Archit. B 13.
MDN 9,35

ohne Referat
IRB; 65Stae
09/82-0981

-206-

STADTPLANUNG/STAEDTEBAU

STADTERWEITERUNG. BAULEITPLANUNG. WOHNEN. Wohnge= biet. Planungsablauf. Planungsorganisation. Pla= nungskonzeption. Planungsgrundsatz. Koordination. Hochbau. Tiefbau. Magdeburg. DDR.

Radisch,Manfred:
Wohngebiet Magdeburg "Neustaedter See" - Erfahrungen in der Vorbereitung. (dt.)
Bauztg. 36(1982)Nr.7, S.354-356, Abb.

Im Norden Magdeburgs wurde dieses Wohngebiet mit 11870 WE errichtet. Von Beginn der Planung an wurde eine Ge= meinschaftsarbeit aller Beteiligten organisiert. So war in der staedtebaulichen Konzeption bereits das im WBK vorhandene Angebot an Wohnungsbautypen zu beruecks= sichtigen. Der Autor schildert einige Grundueberlegun= gen zur Erarbeitung der staedtebaulichen Konzeption sowie der Aufgabenstellung und Grundsatzentscheidung und beleuchtet aus der Sicht des Komplexarchitekten wie bereits in dieser Phase eine Abstimmung zwischen Tiefbau und Hochbau den Bauablauf wesentlich beein= flussen kann. -z-
IRB; Z 381
12/82-3301

-207-

BAUPOLITIK
ALLGEMEIN. Staedtebau. Architektur. Bauakademie. Jahrestag. Forschungspolitik. Parteipolitik. Par= teiprogramm. Festveranstaltung. DDR.

Aufgaben von Forschung und Praxis in Staedtebau und Architektur bei der weiteren Gestaltung der ent= wickelten sozialistischen Gesellschaft in der DDR. 44.Plenartagung der Bauakademie der Deutschen Demokra= tischen Republik, Berlin, 8. und 9.Dezember 1981. (dt.)
Hrsg.: Bauakademie der Deutschen Demokratischen Republik, Berlin/Ost.
Berlin/Ost: Bauakademie der DDR, Bauinformation 1982.
55 S., Abb.,Lit.
= Bauforsch.Baupraxs. 100.
MDN 8.80
Bauakademie der Deutschen Demokratischen Republik 1951-1981.

ohne Referat
IRB; 01Auf
12/82-3361

-208-

STADTPLANUNG/STAEDTEBAU

ALLGEMEIN. Staedtebau. Stadtstruktur. Siedlungs=
struktur. Siedlungswesen. Wohnungswesen. Konzep=
tion. Gestaltung. Rahmenbedingung. Sozialismus. DDR.
Sowjetunion. Tschechoslowakei. Polen. Ungarn.
Bulgarien. Jugoslawien.

Goldzamt,Edmund:
Staedtebau sozialistischer Laender. Soziale Probleme.
2.Aufl. (dt.)
Stuttgart: dva 1975. 304 S., Abb.,Tab.,Lit.,Reg.,
Themakt.,Lagepl.,Modelldarst.
Urbanistyka krajow socjalistycznych. Problemy spolecz=
ne; Originaltitel.
Vorw.: Hillebrecht,Rudolf.

Im ersten Teil seines Buches erlaeutert der Verfasser
unter dem Titel "Stadt, Land und neue Besiedlungs=
formen" u.a. Konzeptionen zur Gestaltung des Sied=
lungswesens in den sozialistischen Laendern und die
heutigen Besiedlungstendenzen in den Beziehungen von
Stadt und Land. Im folgenden Teil "Arbeit und Frei=
zeit in der funktionellen Struktur der Stadt" stellt
er u.a. Konzeptionen der funktionellen und raeumlichen
Struktur der Stadt, neue soziale und technische Ten=
denzen und die Relationen der Stadtzonen vor. Der
abschliessende Teil "Wohnungswesen und soziale Struk=
tur der Siedlungen" beinhaltet u.a. Passagen zur Ge=
staltung des Wohnungswesens und zum Problem des
Wohnungswesens innerhalb der gegenwaertigen Formen der
sozialistischen Integration. ILS
ILS; C 1362
12/82-4235

-209-

STADTERNEUERUNG
STADTGESTALTUNG. Stadtplanung. Stadtsanierung. Denkmalschutz. Kuestenstadt. Bundesrepublik Deutschland. Daenemark. DDR. Norwegen. Schweden. Finnland. Polen.

Arndt,Hans-Jochen; Friedrich,Klaus; Lemberg,Kai; Hammerstad,Odmund H.; Perkkioe,Paavo; Mieszkowski, Witold; Przylubski,Marcin:
Stadtsanierung und Stadtentwicklung im Ostseeraum. (dt.;Ref.engl.)
Hrsg.: Industrie- und Handelskammer zu Luebeck.
Luebeck: Selbstverlag 1980. 152 S., Kt.,Abb.
Ostsee-Jahrbuch 1980; Gesamttitel.

Die Einheitlichkeit des Ostseeraums zeigt sich nicht nur auf wirtschaftlichem und verkehrlichem Gebiet, sondern auch auf dem Gebiet der Stadtsanierung und Stadtentwicklung. Die Ostseestaedte sind vielfach bereits im Mittelalter angelegt worden. Das Ziel, wertvolle historische Bausubstanz zu erhalten, kollidiert jedoch mit den Zielen, neuzeitlichen Wohnraum, genuegend Buero- und Geschaeftsflaeche, genuegend Raum fuer den Verkehr zu gewinnen. Dieses Buch stellt die verschiedenen Konzepte der acht Ostseeanliegerstaaten vor, in denen die Prioritaeten bei den angestrebten Zielen gesetzt werden. So sind die RGW-Laender staerker bereit, ihren wirtschaftlichen Notwendigkeiten Rechnung zu tragen, als die skandinavischen Laender und die Bundesrepublik. sch/difu DIFUB
SEBI; Zs 1628-1980; IRB; 64Stad
DI/82-0413

-210-

STADTPLANUNG/STAEDTEBAU

ALLGEMEIN. Staedtebau. Architektur. Stadtstruktur. Siedlungsnetz. Siedlungsstruktur. Umweltqualitaet. Planungsprozess. Literaturauswahl. Forschungspro= jekt. DDR.

Forschungsarbeiten auf dem Gebiet Staedtebau und Ar= chitektur 1975 - 1976. Annotierte Titelseite. (dt.)
Hrsg.: Bauakademie der DDR, Institut fuer Staedtebau und Architektur, Berlin/Ost.
Berlin/Ost: Selbstverlag 1977. ca.50 S.

Die inhaltliche Gliederung der vorliegenden Literatur= zusammenstellung erfolgt analog der Empfehlung des Committee in Housing, Building and Planning der ECE, Domument ST/ECE/HBP/48, Seite 29 vom 23.Maerz 1979. Bei den aufgefuehrten Forschungsarbeiten handelt es sich um eine Auswahl der Arbeiten, die in unterschied= lichster Form publiziert worden sind. Die Zusammen= stellung erhebt keinen Anspruch auf eine vollstaendige Erfassung aller Arbeiten. Die Bibliographie ist in die Themenbereiche Entwicklung des Siedlungsnetzes, Stadt= struktur und Stadtentwicklung, qualitative Merkmale der Umwelt in Staedten und Planungsprozess geglie= dert. wi/ILS

ILS; B 677
01/83-3072

-211-

STADTPLANUNG/STAEDTEBAU

FLAECHENNUTZUNGSPLANUNG. Flaechennutzung. Industriesiedlung. Verdichtungsraum. Umweltbelastung. Umweltschutz. Bitterfeld/Raum. DDR.

Herrmann,Helmut:
Untersuchungen zum territorial-organisatorischen Aspekt der Flaechennutzung in umweltbelasteten Dichtegebieten. Ein Beitrag zur Bewertung heterogener Flaechennutzungsstrukturen. (dt.)
In: H. Neumeister u. a.: Nutzung und Veraenderung der Natur. Hrsg.: Geographische Gesellschaft der DDR. Leipzig: VEB Haack 1981. S.165-177, Kt.,Tab.,Lit.
= Wissenschaftliche Abhandlungen der Geographischen Gesellschaft der DDR; Bd. 15.

ohne Referat

SEBI; 82/4266
DI/82-1467

-212-

STADTPLANUNG/STAEDTEBAU

WOHNEN. WETTBEWERB. Neugestaltung. Wohnbebauung. Entwurf. Konzept. Gebaeudegruppe. Halle. DDR.

Kroeber,Gerhard:
Wettbewerb "Brunoswarte-Moritzzwinger" in Halle. (dt.; Ref.engl.,franz.,russ.)
Archit.DDR 31(1982)Nr.6, S.329-334, Abb.,Grundr.,Ans.

Das Wettbewerbsgebiet "Moritzzwinger-Brunoswarte" ist ein Teil des Stadtzentrums von Halle. Seine Rekon= struktion und Neugestaltung umfassen drei beieinander= liegende staedtebauliche Ensembles mit etwa 1000 Woh= nungen. Mit dem Wettbewerb sollten mit den zur Zeit gebraeuchlichen Wohnungsbauserien neue Loesungen fuer das innerstaedtische Bauen gefunden werden. -z-
TUW; IRB; Z 486
02/83-3457

-213-

STADTERNEUERUNG

STADTGESTALTUNG. Wiederaufbau. Gestaltung. Adap= tion. Denkmalpflege. Raumgestaltung. Berlin. DDR.

Stahn,Guenter:
Rund um die Berliner Nikolaikirche. (dt.;Ref.engl., franz.,russ.)
Archit.DDR 31(1982)Nr.4, S.218-225, Abb.,Grundr.,Ans.

Das Gebiet um die Nikolaikirche zwischen Rathaus und Spree im Stadtzentrum von Berlin soll entsprechend seiner kulturhistorischen Bedeutung und unter Beibe= haltung des ehemaligen staedtebaulichen Raumgefueges wiederaufgebaut werden. Der Stadtkern soll durch eine attraktive, aber sich an die noch erhaltenen Gebaeude in der Gestaltung anlehnende Bebauung aufgewertet wer= den. Neue Fussgaengerbereiche, Kolonnaden, eine Viel= zahl kleiner Laeden und Gaststaetten mit spezifischem Kolorit praegen das Gebiet, in dem ueber 800 Wohnungen errichtet werden. -z-
TUW; IRB; Z 486
02/83-3458

-214-

STADTPLANUNG/STAEDTEBAU

WOHNEN. Wohngebaeude. Wohnsiedlung. Wohnungsneubau. Wohngebiet. Erschliessung. Neubrandenburg. DDR.

Grund,Iris:
Wohngebiet Datzeberg in Neubrandenburg. (dt.;Ref. engl.,franz.,russ.)
Archit.DDR 31(1982)Nr.5, S.265-271, Abb.,Lagepl.

ohne Referat
TUW; IRB; Z 486
02/83-3460

-215-

STADTPLANUNG/STAEDTEBAU

FREIFLAECHENPLANUNG. Stadtparkanlage. Oeffentlichkeit. Stadtpark. Stadtgruen. Kommunalpolitik. Finanzierung. Gestaltung. Gartenkunst. Aesthetik. Stadtgeschichte. Institutionengeschichte. Berlin-Tiergarten. BLN. Muenchen. BAYR. Bundesrepublik Deutschland. Magdeburg.

Nehring,Dorothee:
Stadtparkanlagen in der ersten Haelfte des 19. Jahrhunderts. Ein Beitrag zur Kulturgeschichte des Landschaftsgartens. (dt.)
Hrsg.: Hennebo,Dieter.
Hannover: Patzer 1979. 210 S., Kt.,Abb.,Lit.,Reg.
phil.Diss.; FU Berlin 1978
Geschichte des Stadtgruens, Bd. IV; Gesamttitel.

In der Arbeit wird an ausgewaehlten Beispielen untersucht, wie sich die im 18. Jahrhundert meist privaten Landschaftsgaerten zu oeffentlichen Anlagen in der 1. Haelfte des 19. Jahrhunderts entwickelten. Nach der Vorstellung und Beschreibung der ausgewaehlten Parkanlagen folgt die Darlegung des philosophisch-aesthetischen Hintergrunds des englischen Landschaftsstils in der Gartenkunst. Die Untersuchung der Entwicklung in der ersten Haelfte des 19. Jahrhunderts geschieht im wesentlichen unter der Fragestellung, ob und inwieweit die Stadtparks zunehmend als "oeffentliche Aufgabe" aufgefasst werden und welche Konsequenzen sich daraus fuer die Planungsorganisation sowie fuer die Gartenkunst als Disziplin ergeben. erh/difu DIFUB
SEBI; 78/3041-4
DI/82-1856

-216-

STAAT/VERWALTUNG

GEMEINDE. Raumplanung. Planwirtschaft. Sozialismus.
Stadtplanung. Verwaltungsorganisation.
Gesellschaftspolitik. Dresden. DDR.

Kessler,Ruth:
Ausgewaehlte Probleme der Leitung einer Stadt. (dt.)
Berlin/DDR: Staatsverlag 1981. 79 S., Tab.
= Der Sozialistische Staat, Theorie Leitung Planung.

Ausgehend von den staatlich festgelegten
Planbestimmungen zur Erreichung oekonomischer Ziele
zeigt die Autorin am Beispiel der Stadt Dresden das
Zusammenwirken administrativer Organe auf
staedtischer Ebene mit gesellschaftlichen
Organisationen, Kombinaten und Betrieben.
Zielvorstellung dahinter ist, auch durch
systematische territoriale Planabstimmung zur
Effiktivierung der Produktion und Produktivitaet in
der DDR beizutragen. sch/difu DIFUB
SEBI; 82/4087
DI/82-2309

-217-

STADTPLANUNG/STAEDTEBAU

STADTERWEITERUNG. STADTGESTALT. FREIFLAECHENPLA=
NUNG. Freiflaechengestaltung. Landschaftsplanung.
Erholungsraum. Neubaugebiet. Rostock. DDR.

Lasch,R.:
Gestaltung einer Stadtlandschaft. Planungsraum
Rostock-Luetten Klein. (dt.)
Hrsg.: Bauakademie der Deutschen Demokratischen
Republik, Berlin/Ost.
In: Komplexer Wohnungsbau und Freiflaechen.
Berlin/Ost: Selbstverlag 1974. S.12-16, Abb.,Tab.
= Schr.-R.d.Bauforsch., R.Staedtebau u.Archit. H.51.
Veranst.: Bund der Architekten der DDR.

Am Beispiel des neuen Stadteils Rostock-Luetten wird
die staedtebauliche Entwicklung, Planung und Gestal=
tung neuer Wohngebiete erlaeutert. Dabei nehmen Fragen
der Landschaftsplanung u. der Freiraumgestaltung einen
wichtigen Platz ein. po/ILS
IRB; 4383; ILS; A 57/51
03/83-3325

-218-

STADTPLANUNG/STAEDTEBAU

FREIFLAECHENPLANUNG. Freiflaechengestaltung. Wohn=
gebiet. Kindergarten. Projektierung. Rostock. DDR.

Parsche,G.:
Probleme der Projektierung von Freiflaechen in Wohn=
gebieten am Beispiel Rostock. (dt.)
Hrsg.: Bauakademie der Deutschen Demokratischen
Republik, Berlin/Ost.
In: Komplexer Wohnungsbau und Freiflaechen
Berlin/Ost: Selbstverlag 1974. S.36-38
= Schr.-R.d.Bauforsch., R.Staedtebau u.Archit. H.51.
Veranst.: Bund der Architekten der DDR.

Der Autor fuehrt aus, dass die Zeiten der Technisie=
rung des Wohngruens, der absoluten Unterordnung der
Gestaltung zugunsten maschinengerechter Pflegebedin=
gungen vorbei sind. Wohnungsnahe Gruenflaechen sollen
lebendig und interessant gestaltet sein. Dies gilt
auch fuer Verkehrsgruen, Freiflaechen bei Kindergaer=
ten und Kindertagesstaetten und an Schulen. po/ILS
IRB; 4383; ILS; A 57/51
03/83-3334

-219-

STADTPLANUNG/STAEDTEBAU
BEBAUUNGSPLANUNG. FREIFLAECHENPLANUNG. WOHNEN.
Wohngebiet. Entwurfskonzept. Demonstrativbauvor=
haben. Investitionskosten. Neubrandenburg.
Halle-Neustadt. DDR.

Stefke,E.:
Bericht ueber Beispielplanungen der Bauakademie,
Institut fuer Staedtebau und Architektur, Abteilung
Wohngebiete. (dt.)
Hrsg.: Bauakademie der Deutschen Demokratischen
Republik, Berlin/Ost.
In: Komplexer Wohnungsbau und Freiflaechen
Berlin/Ost: Selbstverlag 1974. S.39-45, Abb.
= Schr.-R.d.Bauforsch., R.Staedtebau u.Archit. H.51.
Veranst.: Bund der Architekten der DDR.

Der Autor stellt ein staedtebauliches Entwurfskonzept
fuer ein Neubaugebiet vor. Dieses basiert auf zwei
Beispielplanungen, die unter anderem folgende Ziel=
setzungen hatten: Anwendung und Erprobung von For=
schungsergebnissen am konkreten Beispiel; Ermittlung
von Aufgaben fuer die kuenftige Forschung; Schaffung
einer Komplexrichtlinie fuer die staedtebauliche Pla=
nung und Projektierung von Neubauwohngebieten; Erar=
beitung von Entwicklungsvorschlaegen fuer Wohnbauten
und gesellschaftliche Bauten. Der Autor stellt Ab=
weichungen und Kompromisse vom Entwurfskonzept dar,
die bei der konkreten Planung eingegangen werden
mussten.
po/ILS
IRB; 4383; ILS; A 57/51
03/83-3335

-220-

STADTPLANUNG/STAEDTEBAU

BAUPLANUNG. BEBAUUNGSPLANUNG. WOHNEN. Wohngebiet. Gestaltung. Beispielsammlung. Moskau. Sowjetunion. Rostock. DDR. Bern-Halen. Schweiz.

Wessel,G.; Zeuchner,G.:
Neue Tendenzen bei der Gestaltung der Bebauungs=strukturen in Wohngebieten. (dt.)
Hrsg.: Bauakademie der Deutschen Demokratischen Republik, Berlin/Ost.
In: Komplexer Wohnungsbau und Freiflaechen
Berlin/Ost: Selbstverlag 1974. S.46-51, Abb.
= Schr.-R.d.Bauforsch., R.Staedtebau u.Archit. H.51.
Veranst.: Bund der Architekten der DDR.

In einer Zeit des industriellen Bauens ist die Gefahr stereotyper und gestaltloser Wohngebiete allgegen=waertig. Fuer zahlreiche Laender war dies Anlass die bis dahin gaengigen Theorien zur Gestaltung von Wohn=gebieten mit den Mitteln der offenen Bebauung kritisch zu ueberpruefen und neue Baukonzeptionen zu ent=wickeln. In diesem Zusammenhang stellen die Autoren einige beispielhafte Projekte im In- und Ausland vor.
po/ILS

IRB; 4383; ILS; A 57/51
03/83-3337

-221-

STADTPLANUNG/STAEDTEBAU

BUERGERBETEILIGUNG. Gruenanlage. Freiflaechenge=staltung. Unterhaltung. DDR.

Morgenstern,W.:
Erfahrungen bei der Organisierung der volkswirt=schaftlichen Masseninitiative. (dt.)
Hrsg.: Bauakademie der Deutschen Demokratischen Republik, Berlin/Ost.
In: Komplexer Wohnungsbau und Freiflaechen
Berlin/Ost: Selbstverlag 1974. S.95-96
= Schr.-R.d.Bauforsch., R.Staedtebau u.Archit. H.51.
Veranst.: Bund der Architekten der DDR.

Die volkswirtschaftliche Masseninitiative gibt Buer=gern die Moeglichkeit bei der Gestaltung und Pflege oeffentlicher Gruenanlagen und wohnungsnaher Gruen- und Freiflaechen aktiv mitzuarbeiten. Der Autor gibt einen Ueberblick ueber Ziele und Umfang, den Organi=sationsablauf und Erfahrungen mit dieser speziellen Form der Buergerbeteiligung.
po/ILS

IRB; 4383; ILS; A 57/51
03/83-3302

-222-

STADTPLANUNG/STAEDTEBAU

FREIFLAECHENPLANUNG. Zustandsanalyse. Bestandsauf=
nahme. Gruenflaechengestaltung. Wohnumfeld. Naher=
holung. Massnahmenkatalog. DDR.

Linke,H.:
Entwicklung der Freiraeume in Wohngebieten als Folge
der gesellschaftlichen Entwicklung in der DDR. (dt.)
Hrsg.: Bauakademie der Deutschen Demokratischen
Republik, Berlin/Ost.
In: Komplexer Wohnungsbau und Freiflaechen
Berlin/Ost: Selbstverlag 1974 S.17-19
= Schr.-R.d.Bauforsch., R.Staedtebau u.Archit. H.51.
Veranst.: Bund der Architekten der DDR.

Der Autor nimmt eine Einschaetzung des qualitativen
Zustandes der Freiflaechen in Baugebieten vor. Unter
anderem stellt er fest, dass 70 Prozent der Gesamt=
flaeche aus Rasen besteht und ein auffallender Mangel
an Baeumen und Pflanzenflaechen zu verzeichnen ist.
Die Bilanz der Freiraeume zeigt, dass sie kein echtes
Angebot sind, das dazu anregt, die Freizeit in
Wohnungsnaehe zu verbringen und es zur Vernachlaessi=
gung der wohnungsnahem Bereiche kommt. Der Autor
stellt zu diesen Problemen einige Loesungsmoeglichkei=
ten vor. po/ILS
IRB; 4383; ILS; A 57/51
03/83-3306

-223-

STADTPLANUNG/STAEDTEBAU

FLAECHENNUTZUNGSPLANUNG. Flaechennutzung. Thema=
karte. DDR.

Stams,Werner:
Hauptarten der Flaechennutzung in der DDR. Erlaeu=
terungsbeitrag zur Karte 34 des Atlas DDR. (dt.;Ref.
engl.,russ.)
Geogr.Ber., Gotha 102/Jg.27(1982)Nr.1, S.33-38, Abb.,
Tab.,Lit.,Kt.

ohne Referat
BfLR; Z 243
04/83-3598

-224-

STADTPLANUNG/STAEDTEBAU

VERKEHR. Verkehrsplanung. OEPNV. Strassenverkehr. Erschliessung. Verkehrsnetz. Verkehrsentwicklung. Verkehrsstruktur. Verkehrswirtschaft. Verkehrspoli= tik. Verkehrslenkung. Sozialismus. DDR.

Doehlert,Karl-Heinz; Eschefeld,Egon; Hoffmann,Herbert; Keul,Dieter; Koker,Thomas; Leiser,Kurt; Lindner, Werner; Lenken,Frieder; Mai,Bernhard; Mauthner,Hanns; Mundry,Hans; Noack,Stefan; Pfau,Wilfried; Schleife, Hans-Werner; Trembich,Klaus:
Komplexe Verkehrsentwicklung im Territorium. Erfah= rungen - Beispiele - Aufgaben. (dt.)
Berlin/Ost: transpress 1979. 196 S., Abb.,Tab.,Lit., Reg.
Projektlt.: Lindner,Werner.

Das Buch soll einen komplexen Ueberblick ueber die Rolle des Transportwesens als Produktivitaets- und Wachstumsfaktor mit den Auswirkungen auf alle Bereiche des gesellschaftlichen Reproduktionsprozesses geben. Es soll belegt werden, dass komplexe Verkehrspolitik nur unter sozialistischen Bedingungen realisiert wer= den kann und sozialistische Verkehrspolitik der buer= gerlichen Raumordnungslehre sowie den im Interesse der herrschenden Monopole dirigistischen Eingriffen in die Entwicklung des Transportwesen weit ueberlegen ist. Dies soll anhand von Erfahrungen und Beispielen aus der Praxis erfolgen. gn/ILS
ILS; D 3662
04/83-4078

-225-

SIEDLUNGSSTRUKTUR

ENTWICKLUNG. Stadtentwicklung. Stadtstruktur. Industriesiedlung. Regionalwirtschaft. Sozial= einrichtung. Stadtplanung. Cottbus. DDR.

Geyer,Gottfried:
Entwicklung und Struktur der Bezirksstadt Cottbus. (dt.;Ref.engl.,russ.)
Geogr.Ber., Gotha 102/Jg.27(1982)H.1, S.1-17, Abb., Tab.,Lit.,Kt.

ohne Referat
BfLR; Z 243
04/83-3615

-226-

STADTPLANUNG/STAEDTEBAU

STADTENTWICKLUNGSPLANUNG. VERKEHR. Flaechennutzung. Nahverkehr. Mobilitaet. Stadtzentrum. Verkehrs=struktur. DDR.

Schulz,Klaus-Dieter:
Zusammenhaenge zwischen Verkehrs- und Stadtstruktur. (dt.;Ref.engl.,franz.,russ.)
Archit.DDR 31(1982)Nr.7, S.422-429, Abb.,Tab.,Lit.

ohne Referat
IRB; Z 486
05/83-3038

-227-

STADTPLANUNG/STAEDTEBAU

STADTENTWICKLUNGSPLANUNG. Stadtgeschichte. Stadtentwicklungsplanung. Landschaftsplanung. Freiflaechenplanung. Stadtgestaltung. Gruenplanung. Realisierung. Rostock. DDR.

Lasch,Rolf:
Rostock. Die Verwirklichung staedtebaulicher und gar=tengestalterischer Konzeptionen, dargestellt am Bei=spiel der Wohngebiete im Raum Luetten Klein. (dt.)
Stadt 30(1983)Nr.1, S.40-44, Abb.,Lit.,Lagepl., Modelldarst.

ohne Referat
IRB; Z 539
06/83-4001

-228-

STADTPLANUNG/STAEDTEBAU

VERKEHR. Wohnanlage. Verkehrserschliessung. Erschliessungssystem. Wohnstrasse. Anliegerstrasse. Wohnweg. KFZ-Verkehr. Rostock. DDR.

Bantin,D.:
Verkehrliche Erschliessung von Wohngruppen. (dt.)
Strasse 5(1965)Nr.7, S.330-332, Abb.

Am Beispiel der staedtebaulichen Planung des Wohn= komplexes Rostock-Luetten Klein-Sued wird gezeigt, wie zur Verkehrserschliessung ein System von Anliegerstra= ssen, Parkplaetzen und befahrbaren Wohnwegen Verwen= dung findet, das dem arbeitenden KFZ-Verkehr das Vor= fahren bis an die Haustuer gestattet und den fliessen= den und ruhenden Verkehr ausserhalb des Wohnhofes haelt. -y-

IRB; Z 272
08/83-3065

-229-

SIEDLUNGSSTRUKTUR

STADTGESCHICHTE. Baugeschichte. Stadtbild. Barock. Staedtebau. Bautradition. Mittelalter. Renaissance. Klassizismus. Rokoko. Leipzig. DDR.

Leipziger Bautradition. (dt.)
Hrsg.: Fuessler,Heinz; VEB Bibliographisches Institut, Leipzig.
Leipzig: Selbstverlag 1955. ca.300 S., Abb.
= Leipz.stadtgesch.Forsch. H.4.
Auftr.Geber: Stadtgeschichtliches Museum, Leipzig; Foerd.: Kulturfons der Deutschen Demokratischen Republik; Vorw.: Fuessler,Heinz.

ohne Referat
IRB; 62Lei
07/83-4256

-230-

ARCHITEKTUR

KULTURGEBAEUDE. Museum. Wettbewerbsergebnis.
Staedtebauliche Anlage. Kommentar. Weimar. DDR.

Kil,Wolfgang:
Wettbewerb Schillermuseum in Weimar. Eine Wettbewerbs=
arbeit und ein Kommentar. (dt.;Ref.engl.)
Baumeister 80(1983)Nr.6, S.582-585, Abb.,Lit.,Lagepl.,
Ans.

ohne Referat
IRB; Z 37
08/83-4706

-231-

VERKEHR

FUSSGAENGER. Fussgaengerachse. Stadtkern. Fussgaengerzone. Funktionsstruktur. Verkehrsstruktur. Komplexe Umgestaltung. Gesellschaftliche Einrichtung. Stadtplanung. Sanierung. Freizeit. Handel. Schule. Sofia. Halle. Leipzig. Erfurt. DDR. Bulgarien.

Stolarov,Penjo:
Die Fussgaengerachse im Zentrum ausgewaehlter Staedte - ein Beitrag zur Analyse, Programmierung und Projektierung gesellschaftlicher Einrichtungen.
2 Bde. (dt.)
Weimar: Selbstverlag 1979. ca.240 S., Kt.,Abb.,Tab., Lit.
tech.Diss.; Hochsch.f.Architektur u.Bauwesen Weimar 1979

"Die wichtigste Rolle des Stadtkernes ist es, der Bevoelkerung die Moeglichkeit zu geben, sich zu treffen und Ideen auszutauschen. Es ist von grundsaetzlicher Bedeutung, dass es allem mechanisierten Verkehr verboten ist, ins Herz der Stadt einzudringen und dass dieses vor allem anderen die Domaene des Fussgaengers bleiben muss." Unter diesem Motto zeigt der Autor, der 1976 den Wettbewerb fuer das "System von Fussgaengerraeumen im Hauptzentrum der Stadt Sofia" gewonnen hat und in der Folge mit Planungsaufgaben beschaeftigt war, im ersten Teil die vielen verschiedenen Faktoren auf, die mit der Umgestaltung einer Fussgaengerachse verbunden sind, und stellt sie in den Zusammenhang mit dem funktionellen Programm. Die Arbeit enthaelt Analysen der Staedte Halle, Leipzig und Erfurt; auf weitere Analysen (insbesondere von Sofia) wird zurueckgegriffen. In einem zweiten Teil entwickelt der Autor Grundsaetze bei dem Ausbau von Fussgaengerzonen. In beiden Teilen lag der Schwerpunkt auf der Raum-, Verkehrs- und Funktionsstruktur. chb/difu

DIFUB

SEBI; 82/3073-4
DI/83-1139

-232-

STAEDTEBAU

ALLGEMEIN. Stadtentwicklung.
Bevoelkerungsentwicklung. Handel. Stadtgeschichte.
Entwicklungsgeschichte. Heimatgeschichte. Stralsund.
DDR.

Rudolph,Wolfgang:
Stralsund. Die Stadt am Sund. (dt.)
Hrsg.: Miethe,Kaethe.
Rostock: Hinstorff 1955. 240 S., Abb.

ohne Referat
IRB; 19Rud
08/83-4429

-233-

STADTPLANUNG/STAEDTEBAU

STADTGESTALTUNG. Licht. Beleuchtung.
Beleuchtungsanlage. Beleuchtungstechnik.
Strassenbeleuchtung. Stadtbeleuchtung.
Leuchtreklame. DDR.

Licht in der Stadt. (dt.)
Hrsg.: Verband Bildender Kuenstler der DDR, Abteilung
Bildende Kunst, Karl-Marx-Stadt.
Karl-Marx-Stadt: Selbstverlag 1977. 77 S., Abb.,
Lagepl.
= Architektur und Bildende Kunst.1.
9.Seminar der Zentralen Arbeitsgruppe "Architektur
und Bildende Kunst" des Verbandes Bildender Kuenstler
der DDR und des Bundes der Architekten der DDR.
Veranst.: Verband Bildender Kuenstler der DDR,
Abteilung Bildende Kunst, Karl-Marx-Stadt.

Die Teilnehmer des Seminars waren sich darin einig,
dass Lichtgestaltung als Teil sozialistischer Stadt=
gestaltung bereits als Element der Generalbebauungs=
planung beachtet werden sollte. Die Vortraege des
Seminars hatten folgende Themen: Lichtgestaltung als
Aufgabe sozialistischer Stadtgestaltung. Stadtbeleuch=
tung und Lichtgestaltung. Lichtgestaltung unter denk=
malspflegerischen Aspekten. Lichtgestaltung im Palast
der Republik. Beleuchtung von Parks, Gruenanlagen und
Ausstellungen. Beleuchtung bildkuenstlerischer Werke.
Plastik im kuenstlichen Licht. Licht- und Werbegestal=
tung innerstaedtischer Strassenraeume. Gestaltung von
Leuchtwerbungsanlagen. Probleme der Lichtgestaltung an
Fest- und Feiertagen.
po/ILS
ILS; D 3194
09/83-4001

-234-

WOHNEN/WOHNUNG

FREIFLAECHE. Landschaftsgestaltung. Gruenflaeche.
Stadtoekologie. Vegetation. Wohngebiet.
Wohnungswesen. Stadtplanung. Stadtlandschaft. DDR.

Freiflaechen in Wohngebieten, Methoden der Bepflanzung
fuer eine effektivere Gestaltung. (dt.)
Bearb.: Meissner,Walter.
Hrsg.: Bauakademie der DDR, Berlin.
Berlin/DDR: Baumformation 1981. 88 S., Abb.,Tab.,Lit.
= Bauforschung - Baupraxis; H.87.
Fachtagung am 9. und 10. Okt. 1980 in Erfurt.
Veranst.: Bund der Architekten der DDR, Zentrale
Fachgruppe -Landschaftsarchitekten-.

ohne Referat
SEBI; 82/6907-4
DI/83-1808

-235-

VERKEHR

VERKEHRSWEG. Richtlinie. Stadtstrasse.
Verkehrsplanung. Stadtverkehr.
Generalverkehrsplanung. Generalbebauungsplanung.
Verkehrserhebung. Effektivitaet. Umweltschutz.
Stadtplanung. Methode. DDR.

Bochynek,Franz:
Richtlinie fuer Stadtstrassen -RIST-, Ausg.1981.
Tl.I - Methoden und Verfahren der staedtischen
Verkehrsplanung. (dt.;Ref.engl.,franz.,russ.)
Bearb.: Kutza,Heinz; Beyer,Inge; Wegener,Borwin;
Lohse,Dieter; Gramzow,Siegfried; Arlt,Guenter; Hagen,
Brigitte; Zentrales Forschungsinstitut des
Verkehrswesens, Institut fuer Komplexe
Transportprobleme.
Hrsg.: Bauakademie der DDR, Bauinformation,
Berlin/Ost.
Berlin/Ost: Selbstverlag 1982. 94 S., Abb.,Tab.
Mitarb.: Fuchs,Renate; Fuerst,Peter; Heber,Bernd;
Kanne,Guenter; Koch,Matthias; Koehler,Martin;
Moehler,Brigitte; Rabe,Ulrich; Projektlt.:
Wunderlich,Gerhard; Bochynek,Franz; Auftr.Geber: DDR,
Ministerium fuer Verkehrswesen, Hauptverwaltung des
Strassenwesens; Vorw.: Moehler,-.

Der 1. Teil der Richtlinie fuer Stadtstrassen
beschreibt Methoden und Verfahren der staedtischen
Verkehrsplanung. Die Richtlinie bestimmt zunaechst
Grundlagen, Aufgaben und Zielstellung der
staedtischen Verkehrsplanung. Es folgt eine
Darstellung der Methoden von Verkehrserhebungen als
einer Grundlage fuer Verkehrsplanungen.
Verkehrsplanerische Berechnungsverfahren,
Planungsprinzipien und Effektivitaetsuntersuchungen
werden ebenso behandelt wie Fragen des Umweltschutzes
als ein Randgebiet der Verkehrsplanung. goj/difu DIFUB
SEBI; 83/4323-4; IRB; 67Rich
DI/83-2955

-236-

STADTPLANUNG/STAEDTEBAU

INFRASTRUKTUR. Leitungskataster.
Versorgungsplanung. Planungsgrundlage. Kataster.
Katalogisierung. Leipzig. DDR.

Stemmler,H.:
Zehn Jahre Leitungskataster im Tiefbauamt der Stadt
Leipzig. (dt.;Ref.engl.,russ.)
Vermess.-Tech. 30(1982)Nr.9, S.294-296, Lit.

ohne Referat
IRB; Z 1431
11/83-4137

-237-

STADTPLANUNG/STAEDTEBAU

STADTTEILPLANUNG. Wiederaufbau. Stadtgestaltung.
Stadterneuerung. Denkmalpflege. Rekonstruktion.
Bebauungsplanung. Neubrandenburg. DDR.

Grund,Iris:
Stadtentwicklung und Denkmalpflege in Neubrandenburg.
Ein Beitrag zur Bewahrung und Wiederherstellung der
historischen Stadtstruktur und ihrer Bauwerke. (dt.;
Ref.engl.,franz.,russ.)
Archit.DDR 31(1982)Nr.10, S.24-29, Abb.,Lit.

Die 700 Jahre alte Innenstadt Neubrandenburgs wurde
im Mai 1945 in wenigen Tagen ein Truemmerfeld. Er=
halten blieb mit geringen Beschaedigungen lediglich
die alte Stadtmauer. Vor den Architekten, Staedte=
planern und Denkmalpflegern stand die grosse Aufgabe
der Bewahrung und Wiederherstellung der historischen
Struktur der Innenstadt und ihrer Bauwerke. Nach
ersten Planungen erfolgte 1952 die Grundsteinlegung
zum Wiederaufbau der Innenstadt. Bis 1960 war dieser
Bereich als Grundgeruest der Stadt im wesentlichen
wieder aufgebaut. -z-
TUW; -; IRB; Z 486
12/83-4381

-238-

STAEDTEBAU
ENTWICKLUNG. Stadtgestaltung. Zentrum. Entwicklung.
Politik. Planungsziel. Berlin. DDR.

(Das Stadtzentrum "Forum" in Ost-Berlin)
Werner,Frank:
The city centre "Forum" of East Berlin. (engl.)
Archit.Des.(A.D.) 52(1982)Nr.11/12, S.30-34. Abb.,Lit.
AD Profile 44.

Beide deutsche "Hauptstaedte" erhielten in der Mitte
der siebziger Jahre neue Parlamentsgebaeude, archi=
tektonische Zeugen der politischen Situation. Mit der
Vollendung des Palastes der Republik 1976 und dem Fo=
rum der Republik war das Herz des Zentrums von Ost=
berlin vollendet. Planungsprinzipien, gegenwaertige
Situation und Stellung innerhalb Berlins als Ganzem
werden dargestellt. st
IRB; Z 1279
01/84-1106

-239-

STAEDTEBAU
ENTWICKLUNG. Wiederaufbau. Geschichte. Kultur.
Planungsgrundlage. Planungskonzept.
Nachkriegsentwicklung. Realisation. Berlin. DDR.

(Von der Ideologie zur Skepsis)
Clelland,Doug:
From ideology to scepticism. (engl.)
Archit.Des.(A.D.) 52(1982)Nr.11/12, S.48-51, Abb.,Lit.
AD Profile 44.

In beiden Teilen des Nachkriegsberlin bestand das Be=
duerfnis, das psychologische Spinnennetz der Nazizeit
zu vernichten, die Phaenomene Heimat und Tradition
waren verfaelscht und verdorben, das Erbe unrealisier=
ter Stadtplanungsvisionen der zwanziger Jahre stand im
Raum. Nicht die Kultur der Staedte war Quelle der Pla=
nungsmethoden, sondern die Perfektion des biologischen
Systems. Ausgangspunkt, Entwicklung und Realisation in
beiden Stadtteilen werden beschrieben. st
IRB; Z 1279
01/84-1109

-240-

STAEDTEBAU

ENTWICKLUNG. Stadtplanung. Architektur.
Planungsziel. Richtlinie. Politik. Ideologie.
Sozialismus. Berlin. DDR.

(Von der Ideologie zur Ernuechterung)
Clelland,Doug:
From Ideology to disenchantment. (engl.)
Archit.Des.(A.D.) 52(1982)Nr.11/12, S.41-45, Abb.,Lit.
AD Profile 44.

Ostberlin verkoerpert das Symbol einer Stadt, die fuer die sozialen Beduerfnisse einer Bevoelkerung gebaut wurde. Es ist eine Stadt, die aus politischen Reali= taeten entstand, die sich von den westlichen unter= scheiden. Jedes Projekt ist ausgerichtet auf die offi= ziellen Ziele von 1990, dem Jahr des zehnten Partei= kongresses. Die sechzehn Prinzipien der Stadtplanung und Richtlinien fuer die Entwicklung von Stadtplanung und Architektur in der DDR der achtziger Jahre werden erlaeutert. st

IRB; Z 1279
01/84-1113

-241-

SIEDLUNGSSTRUKTUR
VERSTAEDTERUNG. Verdichtungsraum. Stadtentwicklung. Stadtplanung. Stadtgestalt. Siedlungsentwicklung. Entwicklungsachse. Regionalplanung. Umweltplanung. Siedlungsgeographie. DDR.

Ballungsgebiete in der DDR. (dt.)
Halle: Wissenschaftspubl.Luther-Univ. 1981. 283 S., Abb.,Tab.,Lit.,Kt.
= MLU Halle-Wittenberg/Wiss.Beitr. 16.

Sammelband mit Vortraegen einer Tagung im November 1979 in Halle. Die Vortraege gliedern sich in drei Hauptabschnitte, die geographischen Probleme der Urbanisierung, die Probleme der Siedlungsentwicklung in den Ballungsgebieten und die landeskulturellen Probleme der Siedlungsentwicklung. Im ersten Abschnitt wird der Urbanisierungsprozess in der DDR und den europaeischen sozialistischen Laendern beschrieben. Im zweiten Abschnitt wird die Anwendung des Entwicklungsachsenkonzepts kritisch geprueft und auf Aspekte der Siedlungsstrukturplanung eingegangen. Im dritten Abschnitt stehen geographische Probleme der Umweltgestaltung in Ballungsgebieten sowie der Einfluss der Staedte auf natuerliche Systeme im Mittelpunkt.
-y-
IGG; I 1045 0-7
02/84-5313

-242-

STADTPLANUNG/STAEDTEBAU
ALLGEMEIN. Regionalplanung. Literaturdokumentation. Hilfsmittel. DDR.

Staedtebau und Regionalplanung in der DDR. (dt.)
Bearb.: Bauakademie der DDR, Bauinformation, Berlin/Ost.
Hrsg.: Bauakademie der DDR, Bauinformation, Berlin/Ost.
Berlin/Ost: Selbstverlag 1982. ca.130 S.

ohne Referat
IRB; 65Staed
DI/83-3296

-243-

STAEDTEBAU
GESTALTUNG. Stadtentwicklungsplanung. Architektur.
Aesthetik. Sozialismus. Gesellschaftspolitik.
Forschung. Praxis. DDR.

Fritsche,Hans:
Aufgaben von Forschung und Praxis in Staedtebau und
Architektur bei der weiteren Gestaltung der
entwickelten sozialistischen Gesellschaft in der DDR.
(dt.)
In: Aufgaben von Forschung und Praxis in Staedtebau
und Architektur bei der weiteren Gestaltung der
entwickelten sozialistischen Gesellschaft in der DDR.
Hrsg.: Bauakademie der DDR.
Berlin/DDR: Selbstverlag 1982. S.10-19
= Bauforschung - Baupraxis; 100.

ohne Referat
SEBI; 83/2014-4
DI/83-4158

-244-

SIEDLUNGSSTRUKTUR
STADTREGION. Stadtplanung. Stadtumland.
Stadtstruktur. Stadtgeschichte. Sozialstruktur.
Geographie. Stadtentwicklung. Raumgliederung.
Wirtschaftsraeumliche Gliederung. Sozialismus. Berlin.
DDR.

Zimm,Alfred:
Zur strukturellen und funktionellen Dynamik in den
typologischen Subraeumen des Wirtschafts- und
Lebensgebietes der Hauptstadt der DDR, Berlin. (dt.)
Berlin/DDR: Akademie-Verlag 1982. 33 S., Kt.,Tab.,Lit.
= Sitzungsberichte der Akademie der Wissenschaften der
DDR, Mathematik - Naturwissenschaften - Technik;
Nr.9/N.
Auftr.Geber: Akademie der Wissenschaften der DDR.

Die Veraenderungen, denen die Struktur gewachsener
Staedte unterliegt, werden am Beispiel der Hauptstadt
der DDR, Berlin, charakterisiert und analysiert.
Diese Veraenderungen sind durch inhaltliche
Umwandlungen bei Erhaltung gewisser formaler
Strukturen gekennzeichnet. Fuer Berlin z.B. zielt die
Wandlung von der kapitalistischen City zum
sozialistischen Stadtzentrum auf radikale Beseitigung
z.B. des Mietskasernenstatus in den uebernommenen
Wohngebieten der Arbeiter und sie dienen der
gebietlichen Harmonisierung fuer das
Stadt-Umland-Gebiet Berlins, d.h. Abbau der
Degradierung des Umlandes und Aufbau
gleichberechtigter arbeitsteilig organisierter
Glieder eines hochkomplexen Gebietstyps. st/difu
SEBI; 83/4606
04/84-3756

-245-

SIEDLUNGSSTRUKTUR
ENTWICKLUNG. Siedlungsentwicklung.
Siedlungsstruktur. Stadtentwicklungsplanung.
Planungsinstrument. Planungsmethode.
Planungssystem. Planungsziel. Planwirtschaft.
Urbanisierung. Sowjetunion. DDR.

Siedlungsstruktur und Urbanisierung. (dt.)
Gotha: Haack 1981. 128 S., Abb.,Tab.,Lit.
= Petermanns geogr.Mitt., Ergaenzungsheft Nr.280.

Der Band enthaelt einen Ueberblick ueber die Entwick=
lung und die Probleme der Siedlungsstruktur und der
Urbanisierung in der UdSSR und der DDR. Die bisher
in beiden Laendern praktizierten Planungsmethoden
werden vorgestellt, Moeglichkeiten ihrer rationellen
Gestaltung werden eroertert. Nach einem Einfuehrungs=
kapitel zu den grundsaetzlichen Planungszielen, hat
je ein weiteres Kapitel die Siedlungsstruktur der
UdSSR und der DDR zum Inhalt. wb
IGG; VII 150b-280
04/84-5648

-246-

STADTPLANUNG/STAEDTEBAU
STADTTEILPLANUNG. Wohnsiedlung. Gartenstadt.
Siedlung. Siedlungstyp. Dresden-Hellerau. DDR.

Stenke,Gudrun:
Die Gartenstadt Hellerau. (dt.;Ref.engl.,franz.,russ.)
Archit.DDR 32(1983)Nr.7, S.426-432, Abb.,Lit.,Grundr.,
Ans.

Vor rund 75 Jahren wurde der Grundstein fuer die Gar=
tenstadt Hellerau in Dresden gelegt. Hellerau gilt
noch immer als ein Beispiel fuer die Umsetzung der
Gartenstadt-Idee. An der Gestaltung dieser genossen=
schaftlichen Siedlung wirkten namhafte Architekten
mit; sie steht heute unter Denkmalschutz. Um Hellerau
als lebendiges Zeugnis der Baugeschichte zu erhalten,
wird die Modernisierung der Gebaeude angestrebt. -z-
TUW; -; IRB; Z 486
05/84-1063

-247-

STADTPLANUNG/STAEDTEBAU

STADTENTWICKLUNGSPLANUNG. Rekonstruktion. Wiederaufbau. Denkmalschutz. Berlin. Dresden. Erfurt. Rostock. Hoyerswerda. Halle-Neustadt. DDR.

Urbanistica 70. (ital.;Ref.engl.)
Hrsg.: Istituto Nazionale di Urbanistica, Torino.
Turin: Edizioni Urbanistica Srl 1979. 82 S., Kt.,Abb., Lagepl.

In einzelnen Aufsaetzen werden Probleme der Stadtplanung in der DDR beleuchtet. Neben einfuehrenden Beitraegen, in denen ueber die bisherige Entwicklung und neuere Tendenzen in der Stadtplanung berichtet wird, befassen sich andere Autoren mit Einzelaspekten wie dem Denkmalschutz und der Altstadterhaltung, mit der Loesung von Umweltproblemen und der Errichtung von Fussgaengerzonen. Der Stadtplanung in Dresden, Berlin, Erfurt, Rostock, Hoyerswerda und Halle-Neustadt sind eigene Darstellungen in Text und Bild gewidmet. goj/difu

SEBI; 83/2443-4
05/84-4800

-248-

ARCHITEKTUR

WOHNGEBAEUDE. Wohngebiet. Wohnsiedlung. Lage. Standortplanung. Verkehrsplanung. Folgeeinrichtung. Erschliessungssystem. Vorfertigung. Karl-Marx-Stadt. DDR.

Beuchel,Karl-Joachim; Pohlers,Joachim; Schreiber, Ruediger:
Wohngebiet "Fritz Heckert" und Erzeugnisse des VEB Wohnungsbaukombinat Karl-Marx-Stadt. (dt.)
Archit.DDR 32(1983)Nr.5, S.270-275, Abb.,Grundr.

Das Wohngebiet "Fritz Heckert" in Karl-Marx-Stadt, das nach seiner Fertigstellung mehr als 100.000 Einwohner haben wird, gehoert zu den groessten Wohnugsneubauge= bieten der DDR. Standortwahl, staedtebauliche Vorbe= reitung, architektonisch-funktionelle Gestaltung sowie die Erzeugnisse des Wohnungsbaukombinats Karl-Marx-Stadt fuer das Wohngebiet werden ausfuehr= lich von den drei Autoren, die an massgeblicher Stelle an dem Unternehmen beteiligt sind, dargestellt. FGW

TUW; -; IRB; Z 486
06/84-0987

-249-

RECHT

PLANUNGSRECHT. Staedtebaurecht. Rechtsreform. DDR.

Lassak,Siegfried:
Zur Entwicklung eines sozialistischen Staedtebau=
rechts. (dt.)
Wiss.Z.Tech.Hochsch.Leipz. 7(1983)Nr.5, S.301-307,
Lit.

Verf. aeussert Kritik an der derzeitigen Situation des Staedtebaurechts in der DDR: Zersplitterung der Rechtsnormen, wesentliche Vorschriften sind ueberholt, uneinheitliche Handhabung wegen unvollstaendiger Durchfuehrungsvorschriften, zu geringe Beruecksichti= gung von Modernisierung gegenueber Neubau. Er schlaegt eine interdisziplinaere Bearbeitung der aus mehreren Rechtszweigen entstammenden Normenmaterie vor. Staedtebaurecht ist zwar kein eigener Rechtszweig, hat aber eine ausgepraegte spezifische Problematik. Not= wendig ist eine Gesetzgebung, die vorausschauend auf zukuenftige Gegebenheiten eingeht. cs

IRB; Z 1109
07/84-1110

-250-

STAEDTEBAU
ENTWICKLUNG. Baudenkmal. Kunstdenkmal. Innenstadt. Denkmaltopographie. Stadtbezirk. Berlin. DDR.

Die Bau- und Kunstdenkmale in der DDR. Hauptstadt Ber=lin. I. (dt.)
Hrsg.: Institut fuer Denkmalpflege in der DDR, Berlin/Ost.
Muenchen: Beck 1983. 496 S., Abb.,Lit.
DM 49,50
Mitarb.: Bartmann-Kompa,Ingrid; Buettner,Horst; Drescher,Horst; Fait,Joachim; Fluegge,Marina; Herrmann,Gerda; Schroeder,Ilse; Spielmann,Helmut; Stepansky,Christa; Trost,Heinrich; Vorw.: Trost, Heinrich.

Der Band behandelt die Bau- und Kunstdenkmale der Stadtbezirke Mitte, Prenzlauer Berg und Friedrichs=hain, d.h. die Territorien, auf denen sich die Ent=wicklung Berlins bis zum fruehen 20. Jahrhundert im wesentlichen vollzog. In ihren heutigen Grenzen 1920 gebildet, umfassen sie im Stadtbezirk Mitte den mit=telalterlichen Kern sowie die barocken Gruendungs=staedte und die Vorstaedte, in den Stadtbezirken Prenzlauer Berg und Friedrichshain die nach 1860 ein=setzenden Erweiterungen des Stadtgebietes nach Norden und Osten die ausgeloest auch durch das sprunghafte Anwachsen der verschiedensten Industriezweige, Berlin in wenigen Jahrzehnten zur Millionenstadt anwachsen liessen.
ka
IRB; 19Bau
07/84-1190

-251-

STADTPLANUNG/STAEDTEBAU

FLAECHENNUTZUNGSPLANUNG. Raumordnung. Sozialismus. Gesellschaftsordnung. Wirtschaftsordnung. Planungspolitik. Halle. DDR.

Hoffmann,Manfred:
Flaechennutzung in einer sozialistischen Gesellschaftsordnung dargestellt am Beispiel der Deutschen Demokratischen Republik. (dt.)
Hrsg.: Univ. Giessen, Zentrum fuer Kontinentale Agrar- und Wirtschaftsforschung.
Berlin/West: Duncker und Humblot in Komm. 1983. 258 S. Tab.,Lit.
= Giessener Abhandlungen zur Agrar- und Wirtschaftsforschung des Europaeischen Ostens; 122 = Osteuropastudien der Hochschulen des Landes Hessen; Reihe 1.

Angesichts des Umstandes einer vergleichsweise duerftigen Literaturlage zum Thema Raumordnung und Flaechennutzung gibt der Autor zunaechst einen Ueberblick ueber den Stand der diesbezueglichen Forschung in westlichen Laendern. Erlaeutert werden sodann die ideologischen, ordnungstheoretischen und ordnungspolitischen Grundlagen (wie die Marxsche Arbeitswerttheorie, Vorstellungen der sowjetischen Wachstumspolitik, sowjetische Zentralverwaltungswortschaft) der Flaechennutzung in der DDR sowie die dafuer zur Verfuegung stehenden politischen Instrumente. Der empirisch-statistisch belegte Hauptteil der Arbeit gibt eine Analyse der Flaechennutzungspolitik, auch aufgegliedert nach Wirtschaftsbereichen und Regionen der DDR. Das Ballungsgebiet Halle wird dabei besonders beruecksichtigt. Ein abschliessendes - grundsaetzlch gehaltenes Kapitel - stellt die Frage nach der Effizienz sozialistiich-kommunistischer Planwirtschaft angesichts flaechennutzungspolitischer Probleme. sch/difu

SEBI; 84/165
09/84-3516

-252-

BEBAUUNG

GEBAEUDETYP. Kindergarten. Wohngebiet. Technologie. Staedtebau. Jugendeinrichtung. Schule. Krippe. Jugendclub. Typenvorschlag. Sozialwesen. Bauwesen. DDR.

Trauzettel,Helmut:
Kinder- und Jugendeinrichtungen fuer unsere Wohngebiete. Typenvorschlaege fuer Krippen, Kindergaerten, Schulen und einen Jugendclub in der Technologie des Wohnungsbaues Typ "Dresden". (dt.)
Jena: Gustav Fischer 1962. 117 S., Abb.,Tab.,Lit.
tech.Habil.; TU Dresden 1961
Vorw.: Neubert,Rudolf.

Die Arbeit befasst sich mit der Vorbereitung neuer Typen fuer Kinder- und Jugendeinrichtungen in der DDR. Diese Einrichtungen werden in Zusammenhang mit den Wohngebieten konstruiert. Die Arbeit stuetzt sich auf den Wohnungstyp "Dresden", der auf dem Prinzip der Querwandbauweise beruht und ab Anfang der 60er Jahre in vielen Aufbaugebieten der DDR gebaut wurde. Darueberhinaus versucht die Arbeit, drei Fragenkomplexe aufeinander abzustimmen. Der erste umfasst die Zusammenhaenge um die polytechnische Oberschule, da eine eng mit dem Leben verbundene Erziehung auch ein darauf abgestimmtes Rumprogramm braucht. Der zweite Komplex betrifft die gesundheitsfoerdernde Schule, die z.B. den Schaeden einer falschen Haltung entgegenwirken soll. Und drittens sollen diese beiden Komplexe auf die rationellste Bauausfuehrung ausgerichtet sein. In diesem Buch werden mehrere Typenvorschlaege im einzelnen besprochen. im/difu
SEBI; Hb 85
09/84-3896

-253-

STADTPLANUNG/STAEDTEBAU

INFRASTRUKTUR. Ballungsraum. Siedlungsstruktur. Sozialismus. Gesellschaftspolitik. Raumplanung. Soziale Infrastruktur. DDR.

Schmidt,Helga:
Zur Stellung und Bedeutung der sozialen Infrastruktur im gesellschaftlichen Reproduktionsprozess der grossen Staedte - behandelt am Beispiel ausgewaehlter staedtischer Ballungs- und Verdichtungskerne. (dt.; Ref.engl.,russ.)
In: Hallesches Jahrbuch fuer Geowissenschaften Bd.5. Hrsg.: Martin-Luther-Universitaet, Halle-Wittenberg. Leipzig: Haack 1980. S.39-47, Tab.,Lit.

ohne Referat
SEBI; Zs 3499-5
09/84-4766

-254-

STADTPLANUNG/STAEDTEBAU

FLAECHENNUTZUNGSPLANUNG. Landwirtschaftliche Bodennutzung. Landschaftspflege. DDR.

Richter,Hans:
Beitrag zur langfristigen Entwicklung der Land-Flae=chennutzung. (dt.)
Wiss.Z. Univ.Halle-Wittenberg, math.-naturwiss.R., Halle/Saale 32(1983)Nr.3, S.23-28, Tab.,Lit.

ohne Referat
BfLR; Z 6
10/84-3989

-255-

STADTPLANUNG/STAEDTEBAU

ALLGEMEIN. Staedtebauziel. Stadtsoziologie. Ideologie. Wohnen. Wohngebiet. DDR.

Kahl,Alice; Koch,Willy:
Stadtsoziologie und Leitbildforschung. (dt.)
Wiss.Z.d.Univ.Leipzig, gesell.-u.sprachwiss.R. 32 (1983)Nr.3, S.278-285, Lit.

ohne Referat
BfLR; Z 320
10/84-4068

Sachregister

Die Zahlenangaben des Registers verweisen auf die durchlaufende Numerierung links oben über jedem Hinweis.

A

ABBRUCH 75
ABLAUFPLANUNG 21
ABSTAND 109
ABWASSER 82
ALTBAU 13. 42
ALTBAUERNEUERUNG 104
ALTBAUGEBIET 65, 89, 188, 197
ALTBAUMODERNISIERUNG 87
ALTBAUSUBSTANZ 15, 202
ALTSTADT 24, 96, 97, 173, 175
ALTSTADTERNEUERUNG 12
ALTSTADTKERN 67
AMBULATORIUM 193
ANALYSEMETHODE 117
ANBINDUNG 170
ANLIEGERSTRASSE 94, 228
ANLIEGERVERKEHR 108
ARBEITSABLAUF 105
ARBEITSKRAFT 147, 148
ARBEITSPLATZ 13
ARCHITEKT 184
ARCHITEKTUR 18, 80, 106, 112, 126, 139, 150, 192, 194,
198, 199, 203, 205, 207, 210, 240, 243
AUFGABENLOESUNG 93
AUFGABENSTELLUNG 85
AUFWENDUNG 168
AUSBILDUNG 51
AUSLAGERUNG 13
AUSSTATTUNG 142, 195

B

BALLUNGSRAUM 253
BAROCK 229
BAUAKADEMIE 207
BAUAUFWAND 180
BAUAUSFUEHRUNG 62, 85
BAUBLOCK 8
BAUDENKMAL 91, 173, 175, 250
BAUDURCHFUEHRUNG 71, 74
BAUENTWICKLUNG 136
BAUERHALTUNG 188
BAUGESCHICHTE 96 ff.
102, 104, 204, 229
BAUKASTENSYSTEM 115
BAULAND 186
BAULANDBESCHAFFUNG 186
BAULEITPLANUNG 27 ff., 60 ff.
10, 17, 39, 42, 52, 55, 85, 88, 89, 137, 165, 189, 201,
206
BAULUECKE 160, 175
BAUPLANUNG 118, 176, 220
BAUPLANUNGSRECHT 186

BAUSTELLENEINRICHTUNG 164
BAUSTRUKTUR 53
BAUSUBSTANZ 13, 14, 76, 97, 98, 106, 152, 176, 202
BAUSYSTEM 119
BAUTECHNOLOGIE 118, 164
BAUTRADITION 229
BEBAUUNG 66, 185
BEBAUUNGSDICHTE 180
BEBAUUNGSKONZEPT 130, 195
BEBAUUNGSKONZEPTION 14
BEBAUUNGSPLAN 37
BEBAUUNGSPLANUNG 27 ff., 61 ff., 99 ff.
1, 2, 10, 17, 37, 38, 40, 41, 54, 55, 78, 82, 84, 88, 94, 104, 108, 109, 116, 127, 130, 152, 170, 180, 189, 201, 219, 220, 237
BEISPIELSAMMLUNG 220
BELEBUNG 75
BELEGUNG 17
BELEUCHTUNG 233
BELEUCHTUNGSANLAGE 233
BELEUCHTUNGSTECHNIK 233
BESTANDAUFNAHME 139
BESTANDSAUFNAHME 102, 104, 222
BESTANDTEIL 38
BETRIEBSENTWICKLUNG 136
BEVOELKERUNGSENTWICKLUNG 54, 196, 232
BEVOELKERUNGSSTATISTIK 54
BEZIRK 15, 28, 30, 55
BEZIRKSSTADT 137
BILDENDE KUNST 116
BLICKBEZIEHUNG 194
BLOCKBAU 8
BLOCKSCHALTBILD 161
BODENNUTZUNG 186
BODENRECHT 186
BUERGERBETEILIGUNG 110, 146, 188, 221
BUERGERTUM 167

C
CAD 99
CHEMIEBETRIEB 100

D
DATENERFASSUNG 183
DATENVERARBEITUNG 183
DEMOGRAPHIE 129
DEMONSTRATIVBAUVORHABEN 219
DENKMAL 194, 250
DENKMALPFLEGE 181, 213, 237
DENKMALSCHUTZ 76, 91, 176, 209, 237, 247
DENKMALTOPOGRAPHIE 250
DIENSTLEISTUNG 200

DOKUMENTATION 112 183
DORF 30
DORF/STADT 162
DORFLAGE 190
DORFPLANUNG 203, 205

E
EDV 99, 183
EIGENHEIM 190
EIGENHEIMGRUPPE 190
EIGENSCHAFT 134
EINFAMILIENHAUS 46
EINFLUSSFAKTOR 164, 168
EINGANGSBAUWERK 191
EINKAUFSZENTRUM 81, 176
EINORDNUNG 8, 17, 101
EINRICHTUNG 62 63, 69
EINZELTRASSE 48
ELEKTRIZITAET 82
ELEMENTKONSTRUKTION 8
EMISSION 79
ENERGIEVERSORGUNG 171
ENSEMBLE 139
ENSEMBLEWIRKUNG 175
ENTSTEHUNG 53
ENTWICKLUNGSACHSE 241
ENTWICKLUNGSBASIS 136
ENTWICKLUNGSGESCHICHTE 35, 232
ENTWICKLUNGSKONZEPT 157
ENTWICKLUNGSLINIE 136
ENTWICKLUNGSPHASE 128, 129
ENTWICKLUNGSPLANUNG 35
ENTWICKLUNGSSTAND 184
ENTWICKLUNGSZIEL 35
ENTWURFSKONZEPT 219
ENTWURFSSEMINAR 67
ERFAHRUNGSBERICHT 71, 105
ERHEBUNG/ANALYSE 166
ERHOLUNG 65, 77, 106
ERHOLUNGSRAUM 217
ERNEUERUNG 12, 19, 24, 52, 65, 67, 91 92, 114, 115, 119, 126, 137, 160
ERSATZBEBAUUNG 168
ERSATZNEUBAU 115
ERSATZTRASSE 197
ERSCHLIESSUNG 38, 50, 74, 89, 94, 108, 153, 158, 170, 180, 214, 224
ERSCHLIESSUNGSSYSTEM 228, 248

F
FACHBIBLIOGRAPHIE 202, 203, 205
FARBGEBUNG 172

FARBGESTALTUNG 66
FASSADENGESTALTUNG 172
FERTIGBAU 43
FERTIGTEILBAU 62, 63, 118
FESTVERANSTALTUNG 207
FEUDALISMUS 167
FINANZIERUNG 215
FLACHBAU(VERDICHTET) 46
FLAECHENBEDARF 94
FLAECHENNUTZUNG 30, 117, 211, 223, 226
FLAECHENNUTZUNGSPLAN 79
FLAECHENNUTZUNGSPLANUNG 14, 29, 117, 144, 161 186, 211, 223, 251, 254
FLAECHENRATIONALISIERUNG 152
FLEISCHMARKT 24
FLIESSFERTIGUNG 118
FOLGEEINRICHTUNG 248
FORSCHUNGSPOLITIK 207
FORSCHUNGSPROJEKT 112, 161, 210
FREIFLAECHE 17, 68, 107, 234
FREIFLAECHENGESTALTUNG 62, 95, 116, 153, 158, 195, 217, 218, 221
FREIFLAECHENPLANUNG 217 ff.
63, 86, 95, 111, 151, 203, 205, 215, 222, 227
FREILICHTTHEATER 75
FREIRAUM 107
FREIRAUMPLANUNG 170, 172
FREIZEIT 77, 81, 107, 231
FREIZEITEINRICHTUNG 193
FREIZEITZENTRUM 81
FRITZ HECKERT 62
FUNKTIONSBEZIEHUNG 200
FUNKTIONSSTRUKTUR 231
FUSSGAENGER 231
FUSSGAENGERACHSE 231
FUSSGAENGERBEREICH 69 ff.
5, 91, 92, 172
FUSSGAENGERSTRASSE 69 ff.
176
FUSSGAENGERZONE 5, 31, 59, 142, 145, 151, 176, 181, 231

G
GARTEN 65
GARTENKUNST 215
GARTENSTADT 246
GAS 82
GASTRONOMIE 107
GASTSTAETTE 193
GEBAEUDEGRUPPE 212
GEBAEUDEHERSTELLUNG 160
GEBAEUDEKONSTRUKTION 85
GEBAEUDEKOPPLUNG 118
GEBAEUDETEIL 118

GEBAEUDETYP 252
GEBIETSPLANUNG 51, 203, 205
GEMEINDE 216
GEMEINSCHAFTSEINRICHTUNG 85, 193
GEMEINSCHAFTSPLANUNG 82
GENERALBEBAUUNGSPLAN 18, 40, 41 111, 152
GENERALBEBAUUNGSPLANUNG 4, 61, 100, 201. 235
GENERALVERKEHRSPLANUNG 61 235
GEOGRAPHIE 133, 241, 244
GESCHICHTE 96 ff.
29, 80, 169, 185, 239
GESCHOSSBAU 134, 158
GESELLSCHAFT 53, 80, 162, 184
GESELLSCHAFTLICHE EINRICHTUNG 231
GESELLSCHAFTSORDNUNG 77, 251
GESELLSCHAFTSPOLITIK 216, 243, 253
GESELLSCHAFTSRAUM 66
GESELLSCHAFTSTHEORIE 163
GESTALTUNGSELEMENT 192
GESTALTUNGSKONZEPT 105
GESTALTUNGSLEITBILD 152
GEWERBE 13, 76, 200
GEWERBELAERM 79
GEWERBESTANDORT 13
GREIFSWALDER STRASSE 17
GRUENANLAGE 221
GRUENFLAECHE 65, 234
GRUENFLAECHENGESTALTUNG 222
GRUENORDNUNG 78
GRUENPLANUNG 95, 101, 227
GRUENRAUM 68
GRUNDPROBLEM 154
GRUNDRISSANFORDERUNG 134
GRUNDSATZ 150
GRUNDSTUECK 186
GRUNDWASSERWERK 20

H
HANDEL 3, 76, 81, 107, 151, 231, 232
HANDELSGEBAEUDE 81, 151
HANGLAGE 94
HAUPTSTADT 130, 131
HAUSGEMEINSCHAFT 65
HEIMATGESCHICHTE 232
HERSTELLUNG 134
HILFSMITTEL 135, 187, 242
HISTORISCHES GEBAEUDE 179
HO-CHI-MINH-STRASSE 66, 68
HOCHBAUGESTALTUNG 158
HOCHSCHULE 51
HOFKOMPLEX 65

I

IDEENWETTBEWERB 47, 57, 58, 76, 88
IDEOLOGIE 184, 199, 240, 255
IMMISSIONSSCHUTZ 78, 79
INDUSTRIE 13, 76, 100, 106, 111, 136, 147, 148
INDUSTRIEANLAGE 136, 191
INDUSTRIEARCHITEKTUR 136
INDUSTRIEBAU 79, 136
INDUSTRIEGEBAEUDE 191
INDUSTRIEGEBIETSFLAECHE 100
INDUSTRIESIEDLUNG 211, 225
INDUSTRIESTANDORT 13, 132
INFORMATIONSAUFBEREITUNG 99
INFRASTRUKTUR 69 ff.
3, 33, 133, 193, 196, 197, 236, 253
INFRASTRUKTURANGEBOT 178
INFRASTRUKTUREINRICHTUNG 75, 124
INFRASTRUKTURENTWICKLUNG 152
INFRASTRUKTURPLANUNG 178
INGENIEURGEOLOGIE 74
INNENHOF 65
INNENRAUM 172
INNENSTADT 57, 250
INNENSTADTBEREICH 152
INSTANDHALTUNG 65
INSTANDSETZUNG 24, 65, 179
INSTITUTIONENGESCHICHTE 215
INVESTITION 168
INVESTITIONSKOSTEN 219
INVESTITIONSPLANUNG 180
INVESTITIONSVORBEREITUNG 74
ISOIMPENSEN-VERFAHREN 50

J

JUGENDCLUB 252
JUGENDEINRICHTUNG 252

K

KATALOGISIERUNG 236
KATALOGPROJEKTIERUNG 155
KATASTER 236
KAUFHALLE 193
KENNZAHL 171
KFZ-VERKEHR 228
KINDERGARTEN 218, 252
KINDERSPIELPLATZ 68
KLASSENKAMPF 169
KLASSIZISMUS 204, 229
KLEINARCHITEKTUR 191
KLEINSTADT 7, 16, 54, 201
KOMMUNALPOLITIK 169, 215
KOMMUNIKATION 77, 110

KOMMUNIKATIONSZONE 151
KOMPLEXE UMGESTALTUNG 231
KONZEPTION 30, 111, 116, 159, 208
KOORDINATION 206
KOORDINIERUNG 74
KOSTEN 183, 202
KOSTENEINSPARUNG 99
KOSTENERMITTLUNG 165
KREIS 113
KREISSTADT 35
KROEPLINER-TOR-VORSTADT 47, 58
KUESTENSTADT 209
KULTUR 43, 77, 106, 107, 162, 239
KULTURGEBAEUDE 230
KUNST 192, 194
KUNST AM BAU 191
KUNSTDENKMAL 250
KYBERNETIK 187

L
LAENDLICHE SIEDLUNG 105
LAERMBEKAEMPFUNG 124
LAERMSCHUTZ 73, 108, 109
LAGEPLAN 174
LANDSCHAFT 77, 106
LANDSCHAFTSANALYSE 117
LANDSCHAFTSARCHITEKTUR 191
LANDSCHAFTSENTWICKLUNG 95
LANDSCHAFTSGESTALTUNG 141 234
LANDSCHAFTSPFLEGE 254
LANDSCHAFTSPLANUNG 217, 227
LANDWIRTSCHAFT 106
LANDWIRTSCHAFTLICHE BODENNUTZUNG 254
LANGE STRASSE 6, 32
LEBENSBEDINGUNG 162
LEBENSFORM 77
LEBENSGEFUEHL 77
LEBENSNIVEAU 196
LEBENSQUALITAET 162
LEBENSWEISE 77
LEITBILD 53, 155, 184
LEITUNGSBESTAND 74
LEITUNGSKATASTER 236
LEUCHTREKLAME 233
LICHTGESTALTUNG 172
LICHTSATZ 99
LITERATURAUSWAHL 210
LOESUNGSBEISPIEL 100

M
MARKTBEBAUUNG 98
MASSENAUFBAU 17, 116

MASSNAHME 30, 59, 73, 192
MASSNAHME(BAULICH) 59
MASSNAHMENKATALOG 222
MATERIALISMUS 112
MEHRFAMILIENHAUS 62, 63, 86
MIETWOHNUNG 66
MIETWOHNUNGSGEBAEUDE 66
MIKROSTANDORT 33
MINDESTABSTAND 109
MISCHGEBIET 13, 52
MITTELALTER 229
MITTELSTADT 7, 16, 54, 201
MOBILITAET 226
MODERNISIERUNG 14, 65, 75, 99, 114, 119, 152, 176, 179, 181, 182, 202
MONOTONIE 155
MONTAGEBAU 118
MUELL 65
MUSEUM 230

N
NACHFOLGEEINRICHTUNG 174
NACHKRIEGSENTWICKLUNG 239
NACHKRIEGSZEIT 184
NACHTFAHRVERBOT 73
NAHBEREICHSPLANUNG 4
NAHERHOLUNG 222
NAHVERKEHR 9, 226
NETZFUEHRUNG 82
NETZLAENGE 82
NEUBAUGEBIET 22, 82, 101, 151, 154, 170, 178, 217
NEUBRANDENBURG 1, 29, 30
NEUE STADT 132, 147, 148
NEUORDNUNG(TERRITORIAL) 100
NEUSTADT 97
NEUZEIT 126
NUTZERBEWEGUNG 3, 33
NUTZUNGSAENDERUNG 145
NUTZUNGSRECHT 186
NUTZUNGSZWECK 186

O
OEFFENTLICHER PERSONENNAHVERKEHR 72
OEFFENTLICHKEIT 215
OEFFENTLICHKEITSARBEIT 71
OEPNV 9, 224
OMNIBUS 9
ORDNUNGSFAKTOR 18
ORGANISATION 3
ORJOLER-METHODE 21
ORTSBILD 105
ORTSGESTALTUNG 30

OSTBERLIN 49
OSTVORSTADT 39

P
PARKANLAGE 215
PARKEN 94, 135
PARKPLATZANGEBOT 73
PARKPLATZBEDARF 135
PARTEI 178
PARTEIPOLITIK 207
PARTEIPROGRAMM 207
PARTIZIPATION 110
PERSONENNAHVERKEHR 9
PLANAUFGABE 100
PLANUNGSABLAUF 68, 82, 206
PLANUNGSBEDINGUNG 93
PLANUNGSBEREICH 156
PLANUNGSEINGRIFF 156
PLANUNGSEMPFEHLUNG 38
PLANUNGSGRUNDLAGE 188, 201, 236, 239
PLANUNGSGRUNDSATZ 59, 101 206
PLANUNGSHINWEIS 108
PLANUNGSINSTRUMENT 245
PLANUNGSKONZEPT 239
PLANUNGSKONZEPTION 206
PLANUNGSLEITBILD 161
PLANUNGSMETHODE 245
PLANUNGSMODELL 149
PLANUNGSORGANISATION 99, 206, 245
PLANUNGSPOLITIK 149, 251
PLANUNGSPROZESS 71, 76, 128, 129, 187, 188, 210
PLANUNGSRECHT 249
PLANUNGSSIMULATION 50
PLANUNGSSYSTEM 245
PLANUNGSTHEORIE 80, 187, 199
PLANUNGSUNTERLAGE 54
PLANUNGSVERFAHREN 161
PLANUNGSVORSCHLAG 14
PLANUNGSZIEL 128, 129, 238, 240, 245
PLANWIRTSCHAFT 169, 216, 245
PLATZ 7, 16, 139
PLATZGESTALT 126
PLATZGESTALTUNG 151
PLOTTER 99
POLITIK 238, 240
POLITOLOGIE 138
PROBLEMLOESUNG 107
PRODUKTIONSVERHAELTNIS 196
PROGNOSE 135, 187
PROJEKTIERUNG 218
PROJEKTIERUNGSRICHTLINIE 193

Q
QUALITAETSVERBESSERUNG 60
QUERSCHNITTSGESTALTUNG 94

R
RAHMENBEDINGUNG 100, 156, 208
RAHMENPLANUNG 21, 53, 200, 201
RATIONALISIERUNG 43, 113
RAUMFOLGE 151
RAUMGESTALTUNG 213
RAUMGLIEDERUNG 86, 244
RAUMORDNUNG 251
RAUMPLANUNG 216, 253
RECHTSREFORM 249
RECHTSVERGLEICH 166
REGIONALPLANUNG 129, 187, 241, 242
REGIONALWIRTSCHAFT 225
REKONSTRUKTION 24, 91, 111, 169, 175, 179, 237, 247
RENAISSANCE 229
RICHTLINIE 23, 235, 240
RICHTWERT 23, 38, 103, 109
RUHENDER VERKEHR 9, 23, 72, 135

S
S-BAHN 83
SAMMELTRASSE 48
SANIERUNG 42, 65, 75, 87, 89, 91, 137, 145, 165, 173, 176, 181, 182, 188, 202, 231
SANIERUNGSGEBIET 202
SCHOTTENBAUART 119, 134
SCHREIBWERKDRUCK 99
SCHULE 193, 231, 252
SCHUTZZONE 79
SCHWELLENTHEORIE 161
SEKUNDAERSEKTOR 13
SIEDLUNG 46, 246
SIEDLUNGSENTWICKLUNG 241, 245
SIEDLUNGSGEOGRAPHIE 241
SIEDLUNGSGESCHICHTE 102
SIEDLUNGSGESTALTUNG 149
SIEDLUNGSKERN 96
SIEDLUNGSMODELL 149
SIEDLUNGSNETZ 210
SIEDLUNGSSTRUKTUR 26, 161, 208, 210, 245, 253
SIEDLUNGSTYP 246
SIEDLUNGSWESEN 208
SIEDLUNGSZENTRUM 30
SKELETTBAUART 134
SOZIALE INFRASTRUKTUR 253
SOZIALEINRICHTUNG 225
SOZIALINFRASTRUKTUR 169
SOZIALISIERUNG 186

SOZIALISMUS 80, 112, 128, 129, 150, 167, 196, 203, 205, 208, 216, 224, 240, 243, 244, 251, 253
SOZIALPLANUNG 25
SOZIALSTRUKTUR 244
SOZIALWESEN 252
SOZIOLOGIE 77
SPORTANLAGE 193
SPORTANLAGE/FREIZEITANLAGE 81
STADT 4, 52, 169
STADT-LAND-BEZIEHUNG 129
STADTBAUGESCHICHTE 126
STADTBAUHYGIENE 103
STADTBAUKUNST 184, 204
STADTBELEUCHTUNG 233
STADTBEZIRK 250
STADTBILD 53, 139, 229
STADTBILDANALYSE 139
STADTENTWICKLUNG 96 ff.
27, 77, 126, 130, 139, 155, 157, 177, 196, 225, 232, 241, 244
STADTENTWICKLUNGSPLANUNG 144 ff.
14, 18, 21, 35, 41, 53, 101, 111, 125, 131, 132, 156, 163, 165, 167, 177, 178, 184, 189, 196, 201, 226, 227, 243, 245, 247
STADTENTWICKLUNGSPOLITIK 189
STADTERLEBNIS 18
STADTERNEUERUNG 13, 119, 237
STADTERWEITERUNG 144 ff.
14, 22, 98, 131, 132, 148, 157, 206, 217
STADTGESCHICHTE 1, 102, 131, 139, 215, 227, 229, 232, 244
STADTGRUEN 215
STADTGRUENDUNG 132
STADTGRUNDRISS 97, 98
STADTKERN 42, 49, 76, 91, 130, 131, 135, 231
STADTLANDSCHAFT 114, 234
STADTMITTE 185
STADTMOEBLIERUNG 191
STADTOEKOLOGIE 234
STADTOEKONOMIE 168
STADTPARK 215
STADTRAND 7, 16
STADTRAUM 130, 139
STADTREGION 41, 77, 162, 196, 244
STADTSANIERUNG 146, 209
STADTSCHLOSS 204
STADTSILHOUETTE 7, 16, 97
STADTSOZIOLOGIE 255
STADTSTRASSE 235
STADTSTRUKTUR 53, 111, 170, 200, 208, 210, 225, 244
STADTTECHNIK 38, 153, 171, 197
STADTTEIL 10, 66
STADTTEILENTWICKLUNG 185
STADTTEILPLANUNG 39, 49, 83, 86, 88, 101, 103, 104, 107, 152, 153, 159, 174, 180, 195, 237, 246

STADTTHEORIE 163
STADTUMGESTALTUNG 168
STADTUMLAND 190, 244
STADTUMLAND-BEZIEHUNG 28
STADTUMWELT 192
STADTVERKEHR 84, 235
STADTWOHNUNG 119
STADTZENTRUM 3, 5, 31, 33, 36, 49, 92, 111, 130, 131, 135, 143, 144, 164, 165, 200, 226
STAEDTEBAUGESCHICHTE 128
STAEDTEBAULICHE ANLAGE 230
STAEDTEBAUPOLITIK 84, 87, 129, 198
STAEDTEBAURECHT 249
STAEDTEBAUZIEL 255
STAHLBETONFERTIGTEIL 134
STAHLBETONKONSTRUKTION 134
STANDORT 83
STANDORTENTSCHEIDUNG 79
STANDORTPLANUNG 146 ff.
3, 13, 100, 190, 248
STANDORTRESERVE 190
STANDORTTHEORIE 77
STANDORTWAHL 86
STATISTIK 183, 187
STELLPLATZBEDARF 23
STRASSE 7, 16, 75, 139
STRASSENBAHN 9
STRASSENBELEUCHTUNG 233
STRASSENBILD 126
STRASSENFUEHRUNG 96
STRASSENNETZ 9
STRASSENRAUM 172
STRASSENVERKEHR 109, 224
STRUKTUR 66, 162
STUDIE 14
STUDIENARBEIT 51

T
TALSPERRENSYSTEM 20
TECHNOLOGIE 114, 164, 252
TENDENZ 26
TEPPICHHAUSBEBAUUNG 46
TERRITORIALPLANUNG 113, 189
TETEROW 14
THEMAKARTE 223
TIEFBAU 206
TOPOGRAPHIE 111
TRABANTENSTADT 178
TRASSE 197
TRASSIERUNG 94
TRINKWASSER 20
TROCKENPERIODE 20
TROCKENPLATZ 65

TYPENVORSCHLAG 252
TYPISIERUNG 117

U
UMFUNKTIONIERUNG 173
UMGESTALTUNG 15, 39, 47, 57, 58, 67, 69, 89, 163, 173, 175, 188, 197, 200, 202
UMLAND 35
UMSIEDLUNG 13
UMWELT 4, 80
UMWELTBELASTUNG 78, 211
UMWELTGESTALTTUNG 191
UMWELTGESTALTUNG 18, 141, 164, 195
UMWELTPLANUNG 241
UMWELTQUALITAET 210
UMWELTSCHUTZ 78, 211, 235
UNTERSUCHUNGSMODELL(BETRIEBSWIRTSCHAFTLICH) 13
URBANISIERUNG 26, 77, 245
URBANITAET 77, 162

V
VEGETATION 234
VERDICHTUNG 155
VERDICHTUNGSRAUM 106, 211, 241
VERFAHREN 38
VERFLECHTUNGSBEREICH 106
VERFLECHTUNGSBEZIEHUNG 200
VERKEHR 61 ff., 72 ff., 106 ff.
5, 9, 14, 17, 22, 23, 50, 53, 59, 76, 81, 83, 84, 91, 94, 153, 171, 176, 185, 200, 224, 226, 228
VERKEHRSENTWICKLUNG 224
VERKEHRSERHEBUNG 235
VERKEHRSERSCHLIESSUNG 22, 72, 228
VERKEHRSLAERM 73
VERKEHRSLENKUNG 224
VERKEHRSNETZ 83, 224
VERKEHRSPLANUNG 84, 203, 205, 224, 235, 248
VERKEHRSPOLITIK 84, 224
VERKEHRSSTRUKTUR 224, 226, 231
VERKEHRSTECHNIK 59
VERKEHRSWEG 235
VERKEHRSWIRTSCHAFT 224
VERLEGEART 82
VERSORGUNG 20, 38, 48, 74, 82, 197
VERSORGUNGSPLANUNG 236
VERSORGUNGSVERKEHR 72
VERSTAEDTERUNG 241
VERSUCHSSTRECKE 48
VERWALTUNG 107
VERWALTUNGSORGANISATION 113, 216
VOLKSEIGENTUM 186
VOLKSVERTRETUNG 113

VORBEREITUNGSARBEIT 74
VORBEREITUNGSUNTERLAGE 71
VORFERTIGUNG 85, 119, 248

W
WACHSTUM 157
WASSERVERSORGUNG 82
WASSERVERSORGUNGSLEITUNG 48
WETTBEWERB 6, 14, 32, 83, 88, 107, 152, 170, 212
WETTBEWERBSERGEBNIS 230
WIEDERAUFBAU 34, 128, 131, 143, 144, 150, 160, 165, 184, 213, 237, 239, 247
WIRTSCHAFTLICHKEIT 202
WIRTSCHAFTSENTWICKLUNG 196
WIRTSCHAFTSORDNUNG 251
WIRTSCHAFTSRAEUMLICHE GLIEDERUNG 244
WIRTSCHAFTSRAUM 132
WIRTSCHAFTSZWEIG 157
WOHNANLAGE 8, 17, 62 63, 228
WOHNBEBAUUNG 63, 64, 153, 174, 212
WOHNBEVOELKERUNG 54, 77
WOHNEN 121 ff.
44, 46, 78, 86, 88, 99, 106, 111, 144, 146, 151. 152, 162, 174, 176, 190, 193, 200, 206, 212, 214, 219, 220, 248, 255
WOHNFORM 8, 170
WOHNGEBAEUDE 46, 60, 62, 63, 66, 75, 85, 86, 90, 104. 114, 119, 134, 151, 176, 182, 214, 248
WOHNGEBIET 218 ff.
37, 38, 44, 60, 65, 68, 75, 82, 83, 86, 88, 89, 94 101 108, 109, 114, 124, 153, 158, 159, 206, 214, 234, 248, 252, 255
WOHNKOMPLEX 17, 93, 116, 157
WOHNQUALITAET 174
WOHNSIEDLUNG 190, 193, 214, 246, 248
WOHNSTANDORT 152
WOHNSTRASSE 228
WOHNUMFELD 222
WOHNUNG 87, 107, 183
WOHNUNGSNEUBAU 87, 99, 214
WOHNUNGSPLANUNG 60
WOHNUNGSPOLITIK 87
WOHNUNGSWESEN 178, 208, 234
WOHNWEG 94, 108, 228
WOHNWERT 60

Z
ZENTRALITAET 77, 133
ZENTRENPLANUNG 166
ZENTRENUNTERSUCHUNG 166
ZENTRUM 24, 185, 189, 200, 238
ZENTRUMSNAEHE 174

ZUSTANDSANALYSE 222

Personenregister

Die Zahlenangaben des Registers verweisen auf die durchlaufende Numerierung links oben über jedem Hinweis.

* Hierbei handelt es sich um Planer und Architekten

A
ACKERMANN,MANFRED 198
ALTMANN,RUDOLF 117
ANDRAE,ISOLDE 69
ANDRAE,K. 5, 31, 70, 142
ANDRES,GUENTER 151
ANDRES,GUENTER* 151
ARLT,GUENTER 108, 154, 235
ARNDT,HANS-JOCHEN 209

B
BAERTHEL,HILMAR 171
BAESELER,HORST 154
BAHR,HANS-ECKEHARD 122
BAIER,GERD 96
BAK,I. 13
BANTIN,D. 228
BARTH,G. 45
BAUMBACH,PETER 158
BAUMBACH,PETER* 158
BECKER,GRETE 202, 203, 205
BENEDIX,CLAUS 88
BENJAMIN,MICHAEL 113
BERGELT,KARL 54, 201
BERGMANN,GERHARD 65
BEUCHEL,KARL JOACHIM 176
BEUCHEL,KARL-JOACHIM 62, 248
BEUTEL,M. 2, 27
BEYER,INGE 235
BIEDERSTEDT,RUDOLF 167
BILLIG,R. 35
BOCHYNEK,FRANZ 235
BORNGRAEBER,CHRISTIAN 150
BRAEUER,M. 6, 32
BRAEUER,M.* 158
BRAUNS,K. 2, 27
BURCHARDT,H. 6, 32
BURGGRAF,H. 14, 163, 170

C
CLELLAND,DOUG 239, 240
COLLEIN,D. 45

D
DANGSCHAT,JENS 156
DENDA,M. 39
DEUTLER,JUERGEN 158
DEUTSCHMANN,G. 48
DIELITZSCH,CHRISTOPH 157, 159
DIELITZSCH,CHRISTOPH* 157
DOEHLER,P. 25, 45, 80

DOEHLERT,KARL-HEINZ 224
DOMHARDT,W. 12

E
EHRHARDT,HUGO 100
EMMRICH,PETER 163
ENGELSTAEDTER,D. 47, 58
ESCH,HANS 114
ESCHEFELD,EGON 224

F
FELZ,A. 179
FELZ,A.* 179
FISCHER,H. 14
FISCHER,T.* 246
FLIEGEL,SIGBERT 141
FLIERL,BRUNO 130, 143, 192
FOELLNER,GERHARD 148
FORBERG,GERHARD 197
FRIEDRICH,KLAUS 209
FRIEDRICHS,J. 138, 156
FRITSCHE,HANS 243
FUERST,PETER 108
FUESSLER,HEINZ 229

G
GABRIELLI,BRUNO 128, 149
GALKE,HANNS* 160
GERICKE,H. 45
GERLACH,PETER 188
GEYER,GOTTFRIED 225
GOLDZAMT,EDMUND 208
GRAEFE,B. 14
GRAEFE,H. 15
GRAICHEN 22
GRAICHEN,H. 22
GRAMZOW,SIEGFRIED 235
GREBIN,M. 4, 28
GRONEMEYER,REIMER 122
GROSS,A. 37, 63
GRSELKA,GUDRUN 64
GRUENBERG,GUENTHER* 181
GRUND,I. 1, 29, 88, 214, 237
GUDER,GERHARD 81
GUETHER,HARALD 72

H
HAGEN,BRIGITTE 235
HAHN,ULRICH 179
HAJNY,PETER 92

HAMMERSTAD,ODMUND H. 209
HARTMANN,H. 24
HARTZSCH,G. 10
HAUSDOERFER,G. 94
HEGER,WOLFGANG 154
HEINEBERG,HEINZ 133, 166
HENNEBO,DIETER 215
HERHOLDT,G. 85
HERRMANN,FRITZ 160
HERRMANN,HELMUT 211
HIRSCHFELDER,GUENTHER 134
HOFFMANN-AXTHELM,DIETER 185
HOFFMANN,HERBERT 224
HOFFMANN,MANFRED 251
HOFFMANN,REINER 76
HORN,HANS-EBERHARD 68
HUEHNERBEIN,INGE 54, 201
HUELLER,HELGA 179
HUGK,U.* 230
HUNGER,DITMAR 73

I
IHLENFELDT,JOACHIM 118
ISBANER,GERTRUD 178

J
JANZEN,ULRICH 175
JUST,EBERHARD 191

K
KAHL,ALICE 255
KAMPER,BODO 182
KAMPER,BODO* 182
KARL,RAINER 194
KESSLER,RUTH 216
KEUL,DIETER 224
KIL,WOLFGANG 230
KIND,GEROLD 161
KIRSCH,HANSPETER 86
KIRSCH,KARIN 182
KIRSCH,KARIN* 182
KLEMP,EGON 120
KLUEGEL,SIEGFRIED 195
KLUGE,H. 45
KOCH,WILLY 255
KOEHLER,LOTHAR 66
KOELLING,HANS JOACHIM 172
KOENNEMANN,ERWIN 169
KOESTER,HANS 79
KOKER,THOMAS 224
KORN 56

KORN,R. 17, 18, 55, 56, 131
KOSE,G. 45
KRAFT,INGO 97, 98
KRENZ,GERHARD 123, 129
KRESS,SIEGFRIED 134, 154
KROEBER,G. 53, 111, 212
KRUSE,KLAUS 118
KUENZEL,EBERHARD 164, 168, 200
KUTZA,H. 59, 61, 235
KUTZKA,H. 23

L
LAESSIG,KONRAD* 181
LAHNERT,HANS 136
LAMMERT,U. 42
LAMMERT,U.* 179
LANDER,KH. 52
LASCH,R. 2, 6, 27, 32, 95, 137, 158, 170, 217, 227
LASCH,R.* 158
LASSAK,SIEGFRIED 249
LEHMANN,RAINER 71
LEISER,KURT 224
LEMBERG,KAI 209
LENKEN,FRIEDER 224
LENZ,ROLAND 105
LEUCHT,KURT W.* 181
LINDNER,WERNER 224
LINKE,H. 170, 222
LOHSE,DIETER 235
LORENZ,ERIKA 165
LOUI,K. 21, 179
LOUI,K.* 179

M
MACHULE,DITTMAR 184
MAI,BERNHARD 224
MATZ,VOLKER 179
MAUTHNER,HANNS 224
MAYER,HANS 155
MEISSNER,WALTER 234
MERZ,DIETER 179
METELKA,A. 30
MICHALK,HEINZ 144, 181
MICHALK,HEINZ* 181
MIELKE,FRIEDRICH 204
MIESZKOWSKI,WITOLD 209
MIETHE,KAETHE 232
MOELLER,HANS- OTTO 158
MOHR,F.* 179
MOHR,FRANK 179
MORGENSTERN,W. 221
MUEHLNER,G. 35

MUELLER,HANS 91
MUELLER,KATHARINA 117
MUELLER,WALTER 152
MUNDRY,HANS 224
MUTHESIUS,HERMANN* 246

N
NAGEL,ULRICH 115
NAUMANN,K. 19
NEHRING,DOROTHEE 215
NEUHOFER,RICHARD 79
NIETSCH,WALTER 145
NOACK,STEFAN 224

O
OSTWALD,W. 45

P
PAETOW,REINHOLD 179
PAMPEL,W. 57
PARSCHE,G. 218
PATZER,K. 9
PERKKIOE,PAAVO 209
PFAU,WILFRIED 101 180, 224
PFAU,WILFRIED* 180
PIECHATZEK,W. 8
POHLERS,JOACHIM 248
POLO,GIANCARLO 128, 149
PRAUTZSCH,K. 13
PRENDEL,WERNER 193
PRZYLUBSKI,MARCIN 209

R
RADISCH,MANFRED 206
RADISCH,MANFRED* 206
RAEDER,JOERG 170
RASCHER,H. 38
REIF,WERNER 102
RICHARDT,GERHARD 179
RICHTER,HANS 254
RIEMERSCHMID,RICHARD* 246
RIETDORF,W. 44, 45, 60
ROEHR,F. 26, 77
ROEHR,LIESELOTTE 77
ROHDE,GUENTHER 186
ROSCHER,HARALD 74, 82
RUDOLPH,WOLFGANG 232
RUEHLE,DIETER 66
RYTZ,EVA 117

S

SCHATTEL,J. 40, 121
SCHEIBEL,W. 5, 31
SCHLEIFE,HANS-WERNER 224
SCHLESIER,KARLHEINZ 187
SCHLUETER,HEINZ 117
SCHMIDT-RENNER,GERHARD 78
SCHMIDT,E. 52
SCHMIDT,H. 48, 253
SCHMIDT,KARL 136
SCHMIDT,KARL* 246
SCHOELLER,PETER 140
SCHOEN,R. 34
SCHOENE,RAINER 173
SCHOLZ,H. 45, 189
SCHRAMMEK,ROCHUS 109
SCHREIBER,RUEDIGER 248
SCHREINER,DIETRICH 104
SCHULTZ,GUENTER 135
SCHULTZ,HORST 175
SCHULTZ,HORST* 175
SCHULTZE,H. 45
SCHULZ-TRIEGLAFF,MICHAEL 87
SCHULZ,K. 3, 33
SCHULZ,K. 226
SCHULZE,J. 39
SCHUMACHER,D. 4, 28
SCHWEIZER,P. 55, 116
SCHWEIZER,P.* 116
SELLENGK,J.* 230
SIEBER,K. 51
SIEGEL,H. 41, 83, 89, 177
SIMON,M. 20
SOMMER,BARBARA* 180
SOMMERER,K. 46
SPIEGEL,RUDOLF 99
SPOHR,RUDI 114
STAHN,GUENTER 213
STAMS,WERNER 223
STAUFENBIEL,FRED 110
STEFKE,E. 219
STEMMLER,H. 236
STENKE,GUDRUN 246
STIMMANN,HANS 184
STOLAROV,PENJO 231
STRASSENMEIER,WERNER 93

T

TAENZER,G. 20
TATTERMUSCH,ECKEHARD 157
TATTERMUSCH,ECKEHARD* 157
TAUSCHER,KURT 90
TESSENOW,H.* 246

THIEMANN,HANS* 180
TOEPFER,WOLFGANG 64, 159
TRAUZETTEL,H. 43, 252
TREMBICH,KLAUS 224

U
UNGEWITTER,FRITZ 182
UNGEWITTER,FRITZ* 182
URBANSKI,WOLFGANG 67, 146

V
VAGLER,MANFRED 190
VOGEL,H. 25
VOGLER,MANFRED 75
VOGLER,MANFRED* 75
VOLK,WALTRAUD 126, 139

W
WAECHTER,A. 20
WALTER,R. 55
WAUER,ROLAND 162
WEGENER,BORWIN 235
WEIGEL,ECKHARD 62
WEINHOLD,CHRISTOPH 158
WEINHOLD,CHRISTOPH* 158
WELLNER,HANS DIETRICH 63
WENDORF,W. 36
WERNER,D. 50
WERNER,F. 49, 199, 238
WERNITZ,GUENTHER 93
WESSEL,G. 7, 16, 220
WILL,HELMUT 118
WOHLMANN,RUDOLF 174

Z
ZAGLMAIER,HARALD 106
ZEUCHNER,G. 220
ZIMM,ALFRED 244

Institutionenregister

Die Zahlenangaben des Registers verweisen auf die durchlaufende Numerierung links oben über jedem Hinweis.

* Hierbei handelt es sich um planende Institutionen

A
AKADEMIE FUER STAATS- UND RECHTSWISSENSCHAFT DER DDR, SEKTION STAATSRECHT UND STAATLICHE LEITUNG, POTSDAM 113
AUTORENKOLLEKTIV PETER GROMES, RUDOLF SPIEGEL, JOBSTZANDER 183

B
BAUAKADEMIE DER DDR, BAUINFORMATION, BERLIN/OST 235, 242
BAUAKADEMIE DER DDR, BERLIN/OST 217 ff.
121, 127, 202, 203, 205, 207, 234
BAUAKADEMIE DER DDR, INSTITUT FUER STAEDTEBAU UND ARCHITEKTUR, BERLIN/OST 103, 112, 126, 134, 139, 179, 180, 183, 210
BAUAKADEMIE DER DDR, INSTITUT FUER WOHNUNGS- UND GESELLSCHAFTSBAU, BERLIN/OST 119, 134
BUERO DES STADTARCHITEKTEN, RAT DER STADT MAGDEBURG* 86
BUERO FUER STAEDTEBAU UND ARCHITEKTUR MAGDEBURG* 182
BUERO FUER STAEDTEBAU UND ARCHITEKTUR, MAGDEBURG* 173, 174

D
DDR, MINISTER FUER BAUWESEN, BERLIN/OST 45
DDR, STAATLICHE ZENTRALVERWALTUNG FUER STATISTIK, BEZIRKSSTELLE BERLIN 196
DEUTSCHE BAUAKADEMIE DER DDR, BERLIN/OST 124, 135, 189
DEUTSCHE BAUAKADEMIE DER DDR, INSTITUT FUER STAEDTEBAU UND ARCHITEKTUR, BERLIN/OST 171
DEUTSCHE STAATSBIBLIOTHEK, BERLIN/OST 120

H
HALLE-NEUSTADT, STADTRAT, ABT. KULTUR 178
HOCHSCHULE FUER ARCHITEKTUR UND BAUWESEN WEIMAR* 230

I
INDUSTRIE- UND HANDELSKAMMER LUEBECK 209
INSTITUT FUER DENKMALPFLEGE DER DDR, BERLIN/OST 250
INSTITUT FUER GESELLSCHAFT UND WISSENSCHAFT, ERLANGEN 199
ISTITUTO NAZIONALE DI URBANISTICA, TORINO 247

L
LEIPZIG, BUERO DES CHEFARCHITEKTEN 177

P
PARTEIVORSTAND DER SOZIALISTISCHEN EINHEITSPARTEI, -SEW-, BERLIN/WEST 125

U

UNIV. BOCHUM, GEOGRAPHISCHES INSTITUT 166
UNIV. GIESSEN, ZENTRUM FUER KONTINENTALE AGRAR- UND WIRTSCHAFTSFORSCHUNG 251

V

VEB BIBLIOGRAPHISCHES INSTITUT, LEIPZIG 229
VEB BUERO FUER STAEDTEBAU DES BEZIRKS FRANKFURT/ODER* 159
VEB HOCHBAUPROJEKTIERUNG, FRANKFURT/ODER* 160
VEB WOHNUNGS- UND GESELLSCHAFTSBAUKOMBINAT FRANKFURT/ODER* 159
VEB WOHNUNGSBAUKOMPINAT ERFURT* 151
VERBAND BILDENDER KUENSTLER DER DDR, ABTEILUNG BILDENDE KUNST, KARL-MARX-STADT 233

Z

ZENTRALES FORSCHUNGSINSTITUT DES VERKEHRSWESENS DER DDR, BERLIN/OST 84
ZENTRALES FORSCHUNGSINSTITUT DES VERKEHRSWESENS, INSTITUT FUER KOMPLEXE TRANSPORTPROBLEME 235

Ortsregister

Die Zahlenangaben des Registers verweisen auf die durchlaufende Numerierung links oben über jedem Hinweis.

A
ARNSTADT 152

B
BAD LANGENSALZA 76
BAUTZEN 24
BEESKOW 160
BERLIN 17 ff., 238 ff.
11, 34, 48, 49, 56, 66, 68, 93, 107, 130, 131, 133, 139, 143, 156, 180, 185, 189, 196, 213, 244, 247, 250
BERLIN-KOEPENICK 67
BERLIN-MARZAHN 116
BERLIN-NO 55
BERLIN-TIERGARTEN 215
BERLIN/OST 114, 125, 133, 138, 166, 171
BERLIN/WEST 125, 166
BERN-HALEN 220
BERNAU 119
BITTERFELD/RAUM 211
BULGARIEN 44, 208, 231

C
CHINA 122
COTTBUS 14, 81, 135, 170, 225

D
DAENEMARK 209
DESSAU 187
DRESDEN 144, 170, 171, 181, 216, 247
DRESDEN-HELLERAU 246
DRESDEN/BEZIRK 113

E
EBERSWALDE 64
EBERSWALDE-FINOW 159
ERFURT 74, 145, 151, 171, 180, 231, 247
ERFURT/RAUM 152

F
FINNLAND 209
FRANKFURT A.D.ODER 190
FRANKFURT/ODER 75

G
GERA 135, 165
GOTHA 119
GREIFSWALD 98, 119, 167, 179
GROSSBRITANNIEN 138

H
HALBERSTADT 173, 174
HALLE 212, 231, 251
HALLE-NEUSTADT 73, 148, 178, 219, 247
HALLE/RAUM 106
HALLE/SAALE 53, 111, 169, 171
HAMBURG 138
HENNIGSDORF 153
HOYERSWERDA 132, 147, 247

J
JUGOSLAWIEN 208

K
KAMENZ 102
KARL-MARX-STADT 62, 124, 176, 180, 248
KUBA 122

L
LEIPZIG 63, 65, 89, 126, 177, 189, 229, 231, 236
LEIPZIG-GRUENAU 83, 180
LONDON 138

M
MAGDEBURG 86, 135, 171, 180, 182, 189, 195, 206, 215
MAGDEBURG-OLVENSTEDT 85
MECKLENBURG 179
MERSEBURG 189
MOSKAU 156, 220
MUENCHEN 215

N
NEUBRANDENBURG 88, 135, 214, 219, 237
NORWEGEN 209

P
POLEN 44, 156, 208, 209
POTSDAM 104, 135, 172, 204

R
ROSTOCK 95, 96, 137, 146, 217, 218, 220, 227, 228, 247
ROSTOCK-DIERKOW 158
RUMAENIEN 44

S
SACHSEN 181

SCHWEDEN 209
SCHWEDT 157
SCHWEIZ 220
SCHWERIN 92
SOFIA 231
SOWJETUNION 44, 156, 208, 220, 245
STRALSUND 97, 175, 232
SUEDAMERIKA 122
SUHL 105

T
THUERINGEN 76
TSCHECHOSLOWAKEI 44, 208

U
UNGARN 44, 208

W
WARSCHAU 156
WEIMAR 230

Bereits erschienen:

Nr. 1 Abfall als Baustoff
Nr. 2 Vorfertigung und Rationalisierung im Mauerwerksbau
Nr. 3 Rationalisierung der Schalungstechnik
Nr. 4 Freivorbau von Bogenbrücken
Nr. 5 Stahlfaserspritzbeton
Nr. 6 Rationalisierung der Bewehrungstechnik - Vorgefertigte Bewehrung
Nr. 7 Optimierung von Stahlkonstruktionen
Nr. 8 Hinterlüftete Fassade
Nr. 9 Niedertemperaturheizung
Nr. 10 Rückgewinnung und Verwendung industrieller Abfälle
Nr. 11 Wohnungen für alte Menschen
Nr. 12 Altenpflegeheime und Altenzentren
Nr. 13 Wohnungen für Behinderte
Nr. 14 Rückgewinnung und Verwendung industrieller Abwärme
Nr. 15 Windkräfte und Windlasten
Nr. 16 Dynamische Windwirkung an Bauwerken
Nr. 17 Hochwasserschutz und Hochwasserschäden
Nr. 18 Erdbebenprobleme bei Dämmen und Staumauern
Nr. 19 Einfamilienhäuser
Nr. 20 Ferienhäuser
Nr. 21 Terrassenhäuser
Nr. 22 Dachausbau
Nr. 23 Hotels
Nr. 24 Gaststätten
Nr. 25 Banken und Sparkassen
Nr. 26 Einzelhandelsgeschäfte
Nr. 27 Einkaufszentren, Supermärkte, Warenhäuser
Nr. 28 Einkaufspassagen
Nr. 29 Hallen für Ausstellungen, Messen und Lager
Nr. 30 Jugendhäuser
Nr. 31 Bürohäuser
Nr. 32 Tennisanlagen
Nr. 33 Reitsportanlagen
Nr. 34 Stadien für Sportwettkämpfe
Nr. 35 Turnhallen
Nr. 36 Eissportanlagen
Nr. 37 Theaterbauten
Nr. 38 Opernhäuser
Nr. 39 Konzerthäuser
Nr. 40 Stadthallen
Nr. 41 Bibliotheken
Nr. 42 Kongressbauten
Nr. 43 Sonderschulen
Nr. 44 Berufsschulen
Nr. 45 Gesamtschulen und Oberstufenzentren
Nr. 46 Grundschulen
Nr. 47 Haupt- und Realschulen
Nr. 48 Gymnasien
Nr. 49 Fortbildende Schulen
Nr. 50 Rathäuser
Nr. 51 Postgebäude
Nr. 52 Behördenbauten
Nr. 53 Bürohochhäuser
Nr. 54 Großraumbüros
Nr. 55 Architektenhäuser
Nr. 56 Bauernhäuser
Nr. 57 Einfamilienhäuser als Stadthäuser
Nr. 58 Atriumhäuser und Gartenhofhäuser
Nr. 59 Einfamilienhäuser als Fertighäuser
Nr. 60 Einfamilienhäuser in Holzbauweise
Nr. 61 Einliegerwohnungen
Nr. 62 Zweifamilienhäuser und Doppelhäuser
Nr. 63 Lärmschutzbauwerke und -maßnahmen an Straßen
Nr. 64 Radwege

Bereits erschienen:

Nr. 65 Kriminalität und Städtebau
Nr. 66 Anwendung von Spritzbeton im Tunnelbau
Nr. 67 Sanierung von Bauwerken mit Spritzbeton
Nr. 68 Tunnelbauverfahren
Nr. 69 Baulücken
Nr. 70 Bauten für die industrielle Produktion
Nr. 71 Laborgebäude und Versuchsanlagen
Nr. 72 Werkstätten und Betriebsbauten
Nr. 73 Stadtbildanalysen und Gestaltungssatzungen
Nr. 74 Tunnelvortrieb
Nr. 75 Musikschulen und Musikhochschulen
Nr. 76 Ausländerintegration
Nr. 77 Ausländerpolitische Gesichtspunkte der Planung
Nr. 78 Ausländerwanderung
Nr. 79 Wohnverhältnisse von Ausländern
Nr. 80 Ausländerbeschäftigung
Nr. 81 Fußgängerbrücken
Nr. 82 Fernsehtürme und Fernmeldetürme
Nr. 83 Schleusen
Nr. 84 Transportbeton
Nr. 85 Fließbeton
Nr. 86 Pilzschäden an Holz
Nr. 87 Selbsthilfe im Wohnungsbau
Nr. 88 Finanzierung von Wohneigentum
Nr. 89 Flachdecken und Pilzdecken
Nr. 90 Dach- und Fassadenbegrünung
Nr. 91 Finanzierungsmodelle und steuerliche Hilfen im Wohnungsbau
Nr. 92 Beleuchtung von Arbeitsplätzen
Nr. 93 Industriefußböden
Nr. 94 Gipskartonplatten
Nr. 95 Neue Österreichische Tunnelbauweise
Nr. 96 Wintergärten
Nr. 97 Balkone
Nr. 98 Terrassen
Nr. 99 Stahlverbundbrücken
Nr. 100 Computer Aided Design
Nr. 101 Stadtklima
Nr. 102 Kunst am Bau
Nr. 103 Fernwärmekonzepte
Nr. 104 Projektmanagement
Nr. 105 Raumklima am Arbeitsplatz und in der Wohnung
Nr. 106 Düker
Nr. 107 Rutschung von Böschungen
Nr. 108 Kindergärten
Nr. 109 Kinderspielplätze
Nr. 110 Maschinenfundamente
Nr. 111 Kindertagesstätten
Nr. 112 Sanierung von Beton- und Stahlbetonbauwerken mit Kunstharzen
Nr. 113 Luftelektrizität
Nr. 114 Industrieschornsteine aus Stahlbeton
Nr. 115 Bogenstaumauern und Gewölbestaumauern
Nr. 116 Holztreppen
Nr. 117 Partizipatorisches Bauen
Nr. 118 Betontreppen, Metalltreppen und Fertigteiltreppen
Nr. 119 Kleben im Betonbau
Nr. 120 Hochregallager
Nr. 121 Örtliche und regionale Energieversorgungskonzepte
Nr. 122 Absorptionswärmepumpen
Nr. 123 Speicherung der Sonnenenergie
Nr. 124 Wärmepumpenbetrieb mit Oberflächen- oder Grundwasser

Bereits erschienen:

Nr. 125 Kurkliniken und Sanatorien
Nr. 126 Studentenwohnheime und Studentenwohnungen
Nr. 127 Müllverbrennung und Müllverbrennungsanlagen
Nr. 128 Arztpraxen
Nr. 129 Maisonettes und Split-level-Wohnungen
Nr. 130 Denkmalschutz und Stadterneuerung
Nr. 131 Finanzierung und Förderung des Sozialen Wohnungsbaus
Nr. 132 Bauvertragsrecht nach VOB
Nr. 133 Bauvertragsrecht nach BGB
Nr. 134 Netzplantechnik in der Bauablaufplanung
Nr. 135 Karbonatisierung von Beton
Nr. 136 Betonstahlkorrosion
Nr. 137 Betonkorrosion
Nr. 138 Korrosionsschutz für Beton und Betonstahl
Nr. 139 Infrarot-Thermographie
Nr. 140 Mensen und Kantinen
Nr. 141 Gestaltung und Konstruktion von Dachgärten
Nr. 142 Unterwassertunnel
Nr. 143 Nutzungsbezogene Bauplanung
Nr. 144 Bodenvereisung
Nr. 145 Innerstädtische Grün- und Freiflächen
Nr. 146 Verbrauchermärkte
Nr. 147 Photogrammetrie
Nr. 148 Objektschutz und Überwachungsanlagen
Nr. 149 Fachwerkbrücken
Nr. 150 Raumfachwerke
Nr. 151 Feuchtigkeitsschäden durch mangelhafte Lüftung
Nr. 152 EDV-Einsatz im Rechnungswesen der Bauunternehmen
Nr. 153 Kommunale Wirtschaftsförderung
Nr. 154 Stadtteilentwicklungsplanung
Nr. 155 Pneumakonstruktionen und Traglufthallen
Nr. 156 Kreisplatten und Kreisringplatten
Nr. 157 Lehmarchitektur
Nr. 158 Krankenhäuser
Nr. 159 Klinikbauten
Nr. 160 Seilbahnen
Nr. 161 Räumliche Auswirkungen neuer Technologien
Nr. 162 Ultraschallprüfung im Betonbau
Nr. 163 Kleinsiedlungen und Kleingärten
Nr. 164 Gleitschalungen und Kletterschalungen
Nr. 165 Klubhäuser
Nr. 166 Zoologische Anlagen und botanische Gärten
Nr. 167 Gemengelage
Nr. 168 Heizungssysteme im Vergleich
Nr. 169 Ufersicherung
Nr. 170 Rolläden
Nr. 171 Rationalisierung der Bauausführung
Nr. 172 Maschinen- und Gerätekosten für die Kalkulation
Nr. 173 Organisation der Bauunternehmung
Nr. 174 Rationalisierung der Bauunternehmung
Nr. 175 Winterbau in Bauwirtschaft und Baubetrieb
Nr. 176 Isolierverglasung
Nr. 177 Bewehrte Erde
Nr. 178 Stadtplanung in Entwicklungsländern
Nr. 179 Wohnumfeldverbesserung
Nr. 180 Maßnahmen zur Verkehrsberuhigung
Nr. 181 Tiefgaragen
Nr. 182 Wärmebrücken
Nr. 183 Parkhäuser

Bereits erschienen:

Nr. 184 Wohnungsbedarfsprognosen
Nr. 185 Schäden an Flachdächern
Nr. 186 Museumsbauten
Nr. 187 Brandmeldeanlagen
Nr. 188 Freibäder
Nr. 189 Schwimmbecken
Nr. 190 Ausstattung und Einrichtung von Bäderbauten
Nr. 191 Heizungstechnik in Freibädern
Nr. 192 Thermal-, Sole- und Wellenbäder
Nr. 193 Planungsgrundlagen für den Bäderbau
Nr. 194 Privatbäder
Nr. 195 EDV und neue Kommunikationssysteme im Architektur- und Ingenieurbüro
Nr. 196 Unterirdischer Rohrvortrieb
Nr. 197 Heizungstechnik in Hallenbädern
Nr. 198 Ländliche Gasthöfe
Nr. 199 Flächennutzungsplanung in der Bundesrepublik Deutschland
Nr. 200 Architektur und Städtebau des Islam
Nr. 201 Erhaltung von Kirchen
Nr. 202 Mietermodernisierung und Planungsbeteiligung
Nr. 203 Gewichtsstaumauern
Nr. 204 Schutzraumbau
Nr. 205 Garagen
Nr. 206 Verbrauchsabhängige Wärmemessung
Nr. 207 Solarhäuser
Nr. 208 Vorbereitende Untersuchungen bei der Stadterneuerung
Nr. 209 Öffentlicher Personennahverkehr im ländlichen Raum
Nr. 210 Haltestellen des Öffentlichen Personennahverkehrs
Nr. 211 Holzbrücken
Nr. 212 Schutzraumbau im Ausland
Nr. 213 Hochschulen
Nr. 214 Mülldeponien
Nr. 215 Raumtemperaturabhängige Heizungsregelung
Nr. 216 Brandbelastung von Baustoffen und Bauteilen
Nr. 217 Brandbelastung von Wohngebäuden
Nr. 218 Schrägseilbrücken
Nr. 219 Tribünen
Nr. 220 Bewehrtes Mauerwerk
Nr. 221 Nachschlagewerke zur räumlichen Planung
Nr. 222 Nachschlagewerke für Bauingenieure
Nr. 223 Nachschlagewerke für Architekten
Nr. 224 Bankgebäude in der Altstadt
Nr. 225 Landwirtschaftliche Betriebsgebäude
Nr. 226 Brandbelastung von Verwaltungs- und Industriebauten
Nr. 227 Leichtmetallkonstruktionen
Nr. 228 Wärmedämmverbundsysteme (Thermohaut)
Nr. 229 Aufzüge
Nr. 230 Fahrtreppen
Nr. 231 Klöster und Klosterkirchen
Nr. 232 Flughäfen
Nr. 233 Abfertigungsgebäude und Terminals für den Flugverkehr
Nr. 234 Luftverkehrsplanung
Nr. 235 Startbahnen für den Flugverkehr
Nr. 236 Bürgerbeteiligung bei Planung und Bau von Verkehrsanlagen
Nr. 237 Ausbautechnik an Flughäfen
Nr. 238 Geotextilien
Nr. 239 Installation von Heizungen
Nr. 240 Windenergienutzung
Nr. 241 Low cost housing in Entwicklungsländern
Nr. 242 Rechenzentren

Bereits erschienen:

Nr. 243 Umkehrdächer
Nr. 244 Bahnhöfe
Nr. 245 Kaltdächer
Nr. 246 Warmdächer
Nr. 247 Baustoffmärkte
Nr. 248 Putzrisse
Nr. 249 Radverkehr
Nr. 250 Jugendstil
Nr. 251 Neues Bauen - Architekturgeschichte
Nr. 252 Funktionalismus
Nr. 253 Bauhaus und Werkbund
Nr. 254 Post-Moderne
Nr. 255 Neuere Architekturtendenzen
Nr. 256 Taktschiebeverfahren
Nr. 257 Bewehrungsführung im Stahlbeton- und Spannbetonbau
Nr. 258 Bausparen
Nr. 259 Oberlichter
Nr. 260 Wohngemeinschaften
Nr. 261 Sonden, Ortung und Endoskopie im Bauwesen
Nr. 262 Ateliers und Atelierwohnungen
Nr. 263 Orientierungssysteme in der Stadt, im Verkehr und in Gebäuden
Nr. 264 Bürgerbeteiligung bei der Stadterneuerung
Nr. 265 Wohnungsbau in Afrika
Nr. 266 Pumpspeicherwerke
Nr. 267 Altbaumodernisierung - Wirtschaftlichkeit
Nr. 268 Altbaumodernisierung - Kosten
Nr. 269 Altbaumodernisierung - Verfahren und Methoden
Nr. 270 Altbaumodernisierung - Baustoffe und Bauteile
Nr. 271 Altbaumodernisierung - Wärme- und Schalldämmung
Nr. 272 Betonverdichtung
Nr. 273 EDV-Einsatz im Vermessungswesen
Nr. 274 Bauen im Außenbereich
Nr. 275 Sanierung von Rohrleitungen
Nr. 276 Blockbebauung im Städtebau
Nr. 277 Blockheizkraftwerke
Nr. 278 Blockbebauung im Wohnungsbau
Nr. 279 Unterwasserbeton
Nr. 280 Architektenausbildung
Nr. 281 Spannbeton mit teilweiser Vorspannung
Nr. 282 Fensterherstellung
Nr. 283 Holzfenster
Nr. 284 Aluminiumfenster
Nr. 285 Kunststoffenster
Nr. 286 Stahlfenster
Nr. 287 Ausbildung von Raum- und Stadtplanern
Nr. 288 Bauen im Innenbereich
Nr. 289 Stadtmöblierung
Nr. 290 Sondergründungen - Caisson, Senkkasten, Druckluft
Nr. 291 Pfahlgründungen - Stahlpfähle
Nr. 292 Pfahlgründungen - Beton- Stahlbeton- und Spannbetonpfähle
Nr. 293 Recycling im Straßenbau
Nr. 294 Saunen
Nr. 295 Kachelöfen
Nr. 296 Warmluftheizungen
Nr. 297 Offene Kamine
Nr. 298 Dach- und Kellerfenster
Nr. 299 Erdarchitektur
Nr. 300 Küchenplanung und -einrichtung
Nr. 301 Latentwärmespeicher
Nr. 302 Blitzschutz- und Antennenanlagen

Bereits erschienen:

Nr. 303 Altbaumodernisierung - Selbsthilfe
Nr. 304 Altbaumodernisierung - Umnutzung
Nr. 305 Altbaumodernisierung - Heizungs- und Sanitär-installation
Nr. 306 Holzfußböden
Nr. 307 Erker und Dachgauben
Nr. 308 Flußkraftwerke
Nr. 309 Mietspiegel
Nr. 310 Kalksandstein als Baustoff
Nr. 311 Kalksandstein - Architektur
Nr. 312 Einzelhandel in Orts-, Regional- und Landesplanung
Nr. 313 Gewächshäuser
Nr. 314 Flachdachgebäude
Nr. 315 Gartenstädte und Gartenstadtbewegung
Nr. 316 Dachentwässerung
Nr. 317 Wärmeschutz bei Flachdächern
Nr. 318 Auslandsbau
Nr. 319 Wandfliesen
Nr. 320 Bodenfliesen
Nr. 321 Biotope
Nr. 322 Hängebrücken
Nr. 323 Kirchenbauten
Nr. 324 Sanierung von Brücken
Nr. 325 Hörsäle
Nr. 326 Schäden an Brücken
Nr. 327 Verblendmauerwerk
Nr. 328 Natursteinfassaden
Nr. 329 Natursteinmauern
Nr. 330 Natursteinbeläge
Nr. 331 Umweltverträglichkeitsprüfung
Nr. 332 Glaskonstruktionen
Nr. 333 Friedhofsplanung
Nr. 334 Schäden an Fenstern
Nr. 335 Schäden an Innenwänden, Treppen und Türen
Nr. 336 Schäden an Balkonen, Terrassen und Aussenbauteilen
Nr. 337 Planungsfehler im Hochbau
Nr. 338 Schäden an Fußböden, Estrichen und Belägen
Nr. 339 Schäden an Decken
Nr. 340 Schäden an Mauerwerk
Nr. 341 Schäden an Verblendmauerwerk und vorgehängten Fassaden
Nr. 342 Schäden an Fugendichtungen
Nr. 343 Schäden an Dämmstoffen
Nr. 344 Schäden im Sanitärbereich
Nr. 345 Schäden an Heizungsanlagen
Nr. 346 Schäden an Lüftungs-, Kühl-, Elektro- und Förderanlagen
Nr. 347 Schäden an Schornsteinen
Nr. 348 Schäden an Anschlüssen unterschiedlicher Baustoffe
Nr. 349 Schäden an Natur- und Naturwerksteinen
Nr. 350 Schäden an keramischen Belägen
Nr. 351 Schäden an Sichtbeton
Nr. 352 Schäden an Baustählen
Nr. 353 Schäden an Gips- und Kalkbaustoffen
Nr. 354 Erdbebenschäden
Nr. 355 Mörtelschäden
Nr. 356 Schäden an Kellern und Fundamenten im Hochbau
Nr. 357 Anstrichschäden an Außenwänden
Nr. 358 Internatsschulen und -gebäude
Nr. 359 Schäden im Holzbau
Nr. 360 Restaurierung und Umbau von Holzfachwerkhäusern
Nr. 361 Betonpflaster und Betonplattenbeläge
Nr. 362 Verschmutzte Fassaden
Nr. 363 Kerndämmung

Bereits erschienen:

Nr. 364 Brettschichtkonstruktionen im Hochbau
Nr. 365 Pendler
Nr. 366 Pfahlwände
Nr. 367 Schäden im Fertigteilbau
Nr. 368 Schäden an Tragwerk und Rohbau
Nr. 369 Gewährleistungsprobleme bei ausführungsbedingten Bauschäden
Nr. 370 Schäden an Betonstraßen
Nr. 371 Bauen im Dritten Reich
Nr. 372 Formaldehyd
Nr. 373 Gebäudeleittechnik (ZLT)
Nr. 374 Architektenvertrag und Architektenhonorar
Nr. 375 Fertigteil-Mehrzweckhallen
Nr. 376 Mauerwerk und Schlagregen
Nr. 377 Nutzung denkmalgeschützter Bauwerke
Nr. 378 Schäden und Sanierung von Tunneln und Stollen
Nr. 379 Tausalzbeanspruchung von Beton
Nr. 380 Schäden an Gründungen
Nr. 381 Orthotrope Platten
Nr. 382 Leasing und Mietkauf im Bau-, Wohnungs- und Siedlungswesen
Nr. 383 Zentrale-Orte-Theorie
Nr. 384 Sprinkler- und Feuerlöschanlagen
Nr. 385 Markthallen und Marktplätze
Nr. 386 Maßtoleranzen im Bauwesen
Nr. 387 Offshore-Bauwerke
Nr. 388 Korrosionsschutz durch Verzinkung
Nr. 389 Modulordnung im Bauwesen
Nr. 390 Wellenbrecher
Nr. 391 Rastersysteme
Nr. 392 Pavillons
Nr. 393 Schäden an Talsperren
Nr. 394 Teppichböden
Nr. 395 Klassizismus im Bauwesen
Nr. 396 Barock im Bauwesen
Nr. 397 Renaissance im Bauwesen
Nr. 398 Gotik und Romanik im Bauwesen
Nr. 399 Freivorbau von Brücken
Nr. 400 Wohnungsbau in der DDR
Nr. 401 Stadtplanung in der DDR
Nr. 402 Abfallverwendung im Straßenbau
Nr. 403 Raumordnung in der DDR
Nr. 404 Gartenschauen
Nr. 405 Plattenbalkenbrücken
Nr. 406 Plattenbrücken
Nr. 407 Sandwichelemente
Nr. 408 Architekturzeichnungen
Nr. 409 Architektonische Hängekonstruktionen
Nr. 410 Hauseingänge
Nr. 411 Tapeten und Tapezierarbeiten
Nr. 412 Rasenflächen
Nr. 413 Heizkraftwerkbau
Nr. 414 Ziegeldächer
Nr. 415 Energieeinsparung durch wärmespeichernde Bauteile
Nr. 416 Schieferdächer
Nr. 417 Holzschindeldächer
Nr. 418 Betondachsteindächer
Nr. 419 Rahmenbrücken
Nr. 420 Asbestzementrohre
Nr. 421 Solarheizungen
Nr. 422 Kohle-Dampfkraftwerke
Nr. 423 Sonnenkraftwerke
Nr. 424 Aussegnungshallen
Nr. 425 Gemeindezentren
Nr. 426 Zersiedlung
Nr. 427 Rechtsfragen des Landschaftsschutzes
Nr. 428 Bodenrechtsfragen in der Bundesrepublik Deutschland
Nr. 429 Stahlverbundstützen
Nr. 430 Rechtsfragen der Landschaftsplanung

IRB - Themendokumentationen

Bauschäden

Entstehung Vermeidung Beseitigung
Eine Literaturdokumentation
IRB-Themendokumentationen Nr. 1
1982, 221 Seiten, 25 Abb.,
20,5 x 20,5 cm, kart., DM ~~78,00~~ jetzt DM 23,00
ISBN 3-9800658-1-2

Wichtige Informationen über Entstehung, Vermeidung oder Beseitigung von Bauschäden im Hochbau enthalten die mehr als 1300 Literaturstellen, die in diesem Nachschlagewerk nachgewiesen werden.
Aus dem Inhalt: Baustoffe, Keller, Dächer, Wände, Decken, Fenster, Türen, Balkone, Schornsteine, Sanitär- und Heizungsinstallationen, Forschungsprojekte.

Biologisches Bauen

Eine Literaturdokumentation
IRB-Themendokumentationen Nr. 2
1982, 182 Seiten, 41 Abb., Register,
20,5 x 20,5 cm, kart., DM ~~78,00~~ jetzt DM 23,00
ISBN 3-9800658-2-0

Dieses Buch verweist auf rund 1000 Fachveröffentlichungen, in denen sich die oft widersprüchlichen Erfahrungen und Standpunkte zum biologischen bzw. ökologischen Bauen wiederfinden.
Aus dem Inhalt: Standortfragen, Konstruktionen, Baustoffe, psychologische und technische Grundlagen und Randbedingungen.

Energiesparen in Wohnhäusern

Wärmedämmung
Eine Literaturdokumentation
IRB-Themendokumentationen Nr. 3
1983, 264 Seiten, 34 Abb., Register,
20,5 x 20,5 cm, kart., DM 78,00
ISBN 3-9800658-5-5

Wärmedämmung ist der Schwerpunkt der ersten von vier Dokumentationen über das Thema Energiesparen in Wohnhäusern, zu dem in diesem Band mehr als 1750 Literaturstellen genannt werden.
Aus dem Inhalt: Bauphysikalische Grundlagen, ausgeführte Beispiele, Bau- und Dämmstoffe, Keller, Außenwände, Fenster, Dächer, Erfassung von Wärmeverlusten, Wirtschaftlichkeitsberechnungen, Vorschriften.

Heizung - Lüftung - Klima

Energiesparen in Wohnhäusern
Eine Literaturdokumentation
IRB-Themendokumentationen Nr. 4
1984, 329 Seiten, 21 Abb., Register,
20,5 x 20,5 cm, kart., DM 78,00
ISBN 3-9800658-6-3

Im zweiten Buch zum Thema Energiesparen in Wohnhäusern wird Fachliteratur über den Energieverbrauch bzw. über die Energieeinsparung durch Heizen oder Lüften nachgewiesen.
Aus dem Inhalt: Wärmeerzeugung, Heizkörper und Heizflächen, Regeltechnik, freie Lüftung, Wärmerückgewinnung, Wirtschaftlichkeitsuntersuchungen, Verordnungen, Erlasse und Normen, sowie Heizungs- und Lüftungsgewohnheiten.

Solarenergienutzung

Energiesparen in Wohnhäusern
Eine Literaturdokumentation
IRB-Themendokumentationen Nr. 5
1984, 294 Seiten, 20 Abb., Register,
20,5 x 20,5 cm, kart., DM 78,00
ISBN 3-9800658-7-1

Die dritte Literaturdokumentation zum Themenkreis Energieeinsparung im Wohnungsbau nach den Dokumentationen zur Wärmedämmung und zu Heizung, Lüftung, Klima, umfaßt etwa 1370 Hinweise auf Literaturstellen.
Aus dem Inhalt: Klimatische und bauphysikalische Grundlagen, Wirtschaftlichkeit, aktive Solarenergiesysteme. Außerdem enthält diese Dokumentation einen Beitrag von Prof. Dr. Karl Gertis.

Energie und Architektur

Energiesparen in Wohnhäusern
Eine Literaturdokumentation
IRB-Themendokumentationen Nr. 6
1984, 241 Seiten, 20 Abb., Register,
20,5 x 20,5 cm, kart., DM 78,00
ISBN 3-9800658-8-X

Diese Literaturdokumentation enthält 1137 Hinweise auf Veröffentlichungen zur Planung und Realisierung von Wohnhäusern mit geringem Energieverbrauch, darunter Literatur über die Auswirkungen der Topographie, der Vegetation, der Orientierung und Grundrisszonung sowie über Glasanbauten.
Aus dem Inhalt: Standortplanung, Lageplanüberlegungen, Gebäudeentwurf und -planung, Kostruktions und -detailplanung.